이 진심이 닿아
사랑하고 아끼는 이들과
함께 행복하면 좋겠습니다.

_____ 님께

_____ 드림

끼인 세대라 불리는 이 시대 중년 이야기

아무에게도
말할 수 없었던
진심

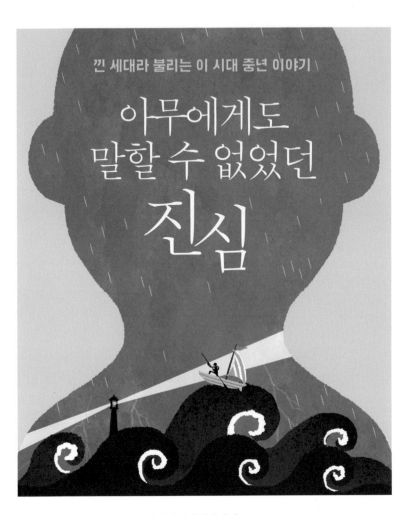

껜 세대라 불리는 이 시대 중년 이야기

아무에게도
말할 수 없었던
진심

삼성사회정신건강연구소

노지혜·이선우·정영희·이세용·홍진표 지음

한국경제신문

아무에게도 하지 못한 말들,
그래서 귀 기울여야 하는 말들

오늘도 이 정도면 무난한 하루였다. 거래처에서 속 썩인다는 보고도 없었고, 위층에 불려가 호통 듣는 일도 없었다. 평소와 다를 바 없이 늦은 퇴근, 주차장에 차를 세우고 올려다보니 아이 방에 불이 켜져 있다. 현관으로 들어서는 나에게 배우자가 아이 시험 기간이라고 알려준다. 문을 빼꼼히 열고 들여다보니 책과 노트를 펼쳐놓고 뭔가를 열심히 적고 있다. 기특하기도 하지. 씻으려고 들어간 욕실 거울에 내 모습이 비친다. 염색할 때가 됐나. 흰머리가 보여선지 주름살도 더 두드러지고 많이 피곤해 보였지만, 뭐 인생이 다 그런 거지. 애써 무심한 척하려 해보지만 거울 속 눈동자가 말한다. 아, 딱 하루만 쉬었으면⋯.

그 바람 뒤에는 내일에 대한 걱정이 깔려 있다. 언제 터질지 모르는 지뢰가 나를 빙 둘러싼 듯한 나날이다. 자칫 잘못 디디면 그걸로 끝이다. 오늘은 무사히 넘겼지만 내일도 그럴 수 있을까? 출근길 회사 로비 풍경이 너무 어수선하거나 너무 적막해도, 외근에서 돌아오는 직원 표정이 좋지 않아도, 전화기에 사장님 비서실 번호만 떠도 가슴이 덜컥 내려앉는다. 이 답답한 마음을 누구에게 털어놓을 수만 있다면 속이라도 후련할 듯싶다. 하지만 누가 있나. 다들 나만 바라보고 있는데, 내가 무슨 천하무적이라도 되는 양 줄줄이 매달려 있는데…. 한숨의 꼬리를 자르기 위해 고개를 한 번 내젓고 찬물을 세게 튼다. 내일도 크게 마음 졸일 일만 없었으면 싶다.

나이로는 40~50대, 직장에서 중간관리자 또는 관리자의 역할을 맡고 있는 이들은 분명 누군가에게는 부러움의 대상일 것이다. 하지만 그들을 대상으로 조사된 정신건강지표들은 계속 나빠지고 있다. 예전 같으면 쳐다도 보지 않았을 정신건강의학과나 심리상담센터를 찾는 이들도 많아졌다. 먼 남들의 얘기가 아니다. 우울증이나 공황장애가 염려되는 이들이 주변에도 있고, 이 나이 정도 되면 사는 게 조금 쉬워질 줄 알았는데 이상하게 회사에서도 집에서도 더 삐걱거리기만 한다는 얘기를 심심찮게 듣는다.

언젠가부터 자주 언급되는 '꼰대'니 '갑질'이니 하는 말을 들으면 괜히 어깨가 움츠러들고 눈치를 보게 된다는 그들. 엄청 훌륭하지는 않았더라도 특별히 잘못 산 것도 없는데, 아니 나름 대로 최선을 다해 여기까지 왔는데 내가 왜 이래야 하나 싶어진 다는 그들. 그러다가도 결국 '어쩌겠어. 내 마음 내가 추슬러야 지' 한다는 그들. 우리 가족이나 지인들 중 한 두 명 쯤은 꼭 있 는, 혹은 바로 당신 자신일지 모르는 그들. 그들의 이야기를 들 어보았다.

그동안 꺼내지 못했던 진심을 직접 듣고 싶었다. 그래서 1,000여 명의 직장인을 대상으로 설문조사하고, 40세 이상 관 리직급 직장인 30여 명을 심층 인터뷰했다. 업종도 연령대도 다 양했지만, 그들은 한목소리로 말했다. 관리직이 대체 뭐라고 여 전히 월급쟁이 신세이면서 오너인 양 성과에 목을 매고, 정치 철새처럼 회사 안팎에서 이리 붙었다 저리 붙었다 해야 하는지 모르겠다고. 그러면서도 언제 잘릴지 몰라 전전긍긍해야 한다 고. 때로는 가족이 날 좀 위로해줬으면 좋겠는데 가정에서조차 왕따 신세라 마음 둘 곳이 없다고. 그래서 옛 친구가 그립고, 신 나게 몰입할 수 있는 그 무언가를 찾고도 싶다고.

그들의 이야기에 한숨과 한탄만 있었던 건 아니다. 자부심과 희망도 곳곳에 담겨 있었다. 분명히 회사의 성장에 내가 보탬이 됐고, 내가 아니면 안 됐을 일들도 적지 않다고. 내 경험과 연륜이 후배들에게 오솔길이나마 만들어주었으리라 믿는다고. 또 일밖에 모르며 살아왔지만, 가족 역시 그 수고를 고마워한다고. 그 진한 사랑이 때때로 확인될 때 무척 행복하다고. 그 사랑을 더 넓혀가고 싶기에 아주 작더라도, 지금 당장은 못 하더라도 언젠가는 나도 이 사회에 도움이 되는 무언가를 하고 싶다고.

그들의 이야기는 때로 가슴을 먹먹하게 했고, 때로는 무릎을 치게 했으며, 같은 상황에 있는 주변 사람들을 따뜻한 눈빛으로 떠올리게 했다. 아마 많은 이들이 우리처럼 그들의 이야기에 공감하지 않을까 싶었다. 이에 우리 연구소는 이를 책으로 펴내기로 했다. 어떤 이론이나 고정관념에 기대어 그들의 이야기를 분석하거나 섣부른 해법을 제시하지 않고 그들의 속내를 그대로 들려주고 싶어서다.

우리는 그동안 어떤 문제가 제기되면 가능한 한 빨리 해결책을 찾아 문제를 말끔히 없애고자 했다. 하지만 기대만큼 문제가 척척 해결되는 경우는 드물었다. 특히 마음의 문제는 더욱 그랬다. 우리나라 40~50대 직장인의 정신건강에 위험 신호가 감지되었다면, 무조건 해결책을 제시하기보다 일단 그들의 이야기를 들어보는 것이 맞지 않을까. 그들이 왜 힘든지, 언제 행복한지, 그래서 어떻게 하면 좋을지를 진심으로 이해해야 하니까. 이 책의 내용이 그것이다. 앞뒤에 붙은 설명이나 자료도 그들의

아무에게도 말할 수 없었던 진심

이야기를 왜곡 없이 전달하기 위한 장치들일 뿐, 문제도 해법도 그들의 말 속에 다 녹아 있다.

이 책이 중년 직장인뿐만 아니라 그들을 둘러싼 사람들에게 도 읽히기를 바란다. 그래서 서로서로 공감하는 계기가 되었으면 좋겠다. 물론 한 번에 되지는 않을 것이다. 여전히 우리는 서로를 그리고 때로는 스스로를 답답해하고 이해하기 힘들어할 것이다. 하지만 아주 사소하더라도 이 책이 진정으로 공감하는 한순간을 선사한다면, 우리나라 중년 직장인들뿐 아니라 그들과 연결되어 있는 가족과 동료들, 그리고 친구와 이웃들의 마음도 따뜻하게 해주리라고 믿는다. 이런 따뜻한 순간들을 하나하나 모으고 쌓아가는 것이 이 버거운 일상에서 행복을 붙잡는 길 아닐까?

삼성사회정신건강연구소

아무에게도
말할 수 없었던
진심

CONTENTS

● 4장
그들이 속한
사회

긴 세대라
불리는
이 시대
중년 이야기

가끔은 모두들 나만 바라보는 느낌인데,
나는 누구를 보고 있나.
나는 누구에게 말해야 할까….

1장

직장인으로,
자식으로,
부모로 산다는 것

든든한 허리인가,
애먼 새우 등인가

그동안 우리 연구소는 청소년의 정신건강mental health을 지키는 프로젝트들에 집중해왔다. 그러나 최근 시야를 넓혀 보다 다양한 이들의 정신건강을 살피고 증진하고자 하는 목표를 세웠고, 주요하게 관심을 갖게 된 이들이 바로 '중년의 관리직급 직장인'이다.

가족이나 친지, 지인들 중에 한두 명쯤은 꼭 있기에 오히려 주목하지 않았지만, 언뜻 생각해봐도 그들이 맡고 있는 역할은 참으로 다양하다. 그리고 막중하다.

- 배우자에게는 튼튼한 버팀목
- 자녀에게는 모범이 되는 자애로운 부모

- 부모에게는 어디 내놔도 자랑할 만한 자녀
- 부하직원에게는 롤모델이 되어야 하는 상사
- 상사에게는 일 잘하는 부하직원
- 동료에게는 배신하지 않는 든든한 우군
- 사회에서는 갑질하지 않는 어른
- 재테크 전문가
- 노후를 준비해야 하는 예비 노년

일일이 짚어보자면 끝도 없다. 우선 그들은 대부분 누군가의 배우자이면서 부모이고 자식이다. 가정에서만 동시에 세 가지 역할을 해내야 한다. 여전히 배우자에게는 든든한 버팀목이어야 하고, 자식에게는 자애로운 부모여야 하며, 부모님도 본격적으로 보살펴야 하는 시기로 들어섰다. 또 다른 삶의 한 축인 직장에서도 다양하고 주요한 역할이 주어진다. 정확하게 어떤 직책이고 얼마만큼의 대우를 받느냐를 떠나, 대부분 관리자라는 자리에 있기에 '나의 업무'라는 것이 한도 끝도 없다. 그리고 사회라는 보다 큰 틀에서 바라보았을 때도, 청년층과 노년층 사이딱 중간에 서 있다. 갈수록 세대 간 격차가 커지며 다양한 문제가 불거지고 있는 이때, 자칫 고래 싸움에 새우 등 터지기 쉬운 위치다.

이렇듯 40~50대는 직장에서뿐만 아니라 가정에서도 사회에서도 중요한 위치에 있다. 그들의 정신이 건강할수록 그들이 속한 가정도, 직장도, 사회도 정신적으로 더욱 건강하고 성숙해질 가능성이 커진다. 직장의 성과나 분위기, 가정의 경제적 측면이나 화목, 사회의 발전이나 문화에 상당한 영향을 주기 때문이다. 반면 그들이 정신적으로 피폐해진다면 그 악영향 역시 크다. 아차 하는 순간, '꼰대'나 '개저씨' 또는 '김여사'로 싸잡아 불리게 될 위험한 역할들을 도맡고 있기 때문이다. 다양한 역할을 맡고 있는 만큼, 그들의 정신건강을 위협하는 함정들도 곳곳에 포진해 있다.

불안 속으로
떠밀리는 그들

그들이 현재 많이 힘들어하고 있다. 안 그래도 정신건강을 위협하는 요소가 산재해 있는데, '저성장 시대'니 '100세 시대'니 하는 시대적 환경도 그들을 불안 속으로 떠밀고 있다. 명퇴에 이어 반퇴라는 말마저 생겨난 현실은 숨을 턱턱 막히게 한다. 집장만 하느라 받은 대출금도 다 못 갚았는데, 자식 공부시키고 결혼시키려면 아직도 한참을 벌어야 하는데, 노후도 준비해야 하는데 말이다.

우리나라 중년 직장인들의 정신건강이 위기에 처했음을 알리는 지표는 이미 다양하게 보고되었다. 보건복지부 건강보험심사평가원이 조울증과 관련하여 최근 5년간 심사 결정 자료를 분석한 결과, 전체 진료인원 3명 중 1명 이상이 40~50대로 나타났다. 전 연령대 중 가장 높은 비율이다. 또한 국가적으로 자살 예방의 필요성이 강조되면서 청소년 · 청년 · 노인의 자살률은 조금씩 감소하는 추세인 데 반해, 중장년층의 자살률은 해마다 늘고 있다. 질병관리본부에서 2015년 23개 의료기관을 대상으로 조사한 결과, 응급실을 찾은 자살 · 자해 시도자 중 40대(19.7%)의 비율이 가장 높았다고 한다. 65세가 넘으면 정신건강과 관련된 다양한 복지정책을 제공받을 수 있지만, 40~50대에 대해서는 별다른 정책적 지원이 없다는 것이 관련 전문가들의 공통된 설명이다. 무엇보다 2012년 삼성경제연구소에서 발표한 근로자 정신건강 관련 자료에 따르면, 45~54세 근로자의 정신질환 발병 건수는 직전 연령대인 35~44세와 비교할 때 3.52배로 나타났다. 이는 미국 1.54, 캐나다 1.19, 영국 1.16에 비해 현저히 높은 수치다. 우리나라에서는 관리직급으로 들어서면 정신건강이 급속히 악화된다는 사실을 확인할 수 있다.

직장생활 내 정신건강에 초점을 둔 심리학적 개념인 '번아웃 bum-out 증후군'에 대한 연구들도 그들의 어려움을 잘 보여주고 있다. 번아웃이란 조직생활을 하는 이들에게 나타나는 부정적 증상들에 이름 붙여진 것으로, 과도한 업무량과 직무 관련 스트레스가 원인으로 꼽힌다. 주요 증상은 다음과 같다.

아무에게도 말할 수 없었던 진심

- 일의 능률이 떨어지며 성과 저하가 나타난다.
- 쉽게 우울감과 초조감을 경험한다.
- 주변 사람들에게 냉소적으로 변한다.
- 점차 모든 것에 무기력해진다.

여기서 주목해야 할 점은 평사원과 관리직급의 번아웃 양상이 확실한 차이점을 보인다는 것이다. 《관리자의 번아웃Executive Burnout》 저자인 샤르마Radha R. Sharma 교수는 평사원들의 번아웃 증상은 스트레스가 높아짐에 따라 서서히 증가하여 결국 병리적 수준에 이르는 반면, 관리직급의 번아웃은 두드러진 증상이 없다가 어느 날 갑자기 심각한 상태로 나타난다는 연구 결과를 발표했다. 특히 번아웃의 초기 증상인 성과 저하가 관리자들에게서는 잘 나타나지 않는다고 지적했다. 스트레스가 웬만큼 높을 때 오히려 성과가 높을 수 있기 때문이다. 관리자들의 번아웃은 조기에 증상을 인식하고 예방하기가 더욱 어렵다는 얘기다.

관리자의 역할을 하고 있는 직장인들은 여러 사안을 지속적으로 모니터링하고 적절한 타이밍에 의사결정을 해야 한다. 또한 다른 부서 또는 다른 기업과의 커뮤니케이션을 맡고 있기에 본인이 힘들다고 '내 일'만 일정을 조정하거나 '내 일'만 지체할 입장이 못 된다. 각자의 속도로 돌아가는 팀원들의 일에 '내 역할'을 맞춰야만 한다. 또한 한 프로젝트가 끝난다 해도 휴식을 취할 틈이 없다. 여전히 한쪽에서는 또 다른 프로젝트가 한창이고, 또 저쪽에서는 다른 프로젝트가 막 시작되고 있다. 프로젝트마다 수시로 다양한 변수가 튀어나온다. 그렇게 쉴 틈 없이 프로젝트들을 관리한 덕에 눈에 보이는 성과는 높아진다. 그러나 자신도 모르게 스트레스가 쌓여가고, 결국 갑자기 모든 증상이 한꺼번에 터져 나온다.

업무를 조정해 부담감을 줄이거나 잠깐의 휴가를 쓰면 좋겠지만, 대개는 그럴 경황도 없이 사직을 해야만 하는 최악의 상황을 맞이한다. 겨우겨우 버텨 사직만은 피한다 하더라도, 심리적으로 불안정해지면서 충동적인 의사결정을 하고 사람들을 냉소적으로 대하기 쉽다. 그러면 팀원들은 괴로울 수밖에 없고, 부서의 성과는 흔들리며, 결국 회사 전체에 해를 끼치게 된다.

당연히 이런 불안정한 심리가 직장에서만 문제를 일으킬 리 없다. 가정에서도 불화의 꼬투리가 되어 심하면 가정 파탄의 원인이 되기도 하며, 사회적으로는 충동적 범죄를 저지를 가능성도 커진다. 이처럼 정신건강을 잃고 어느 하나의 역할이 엉망이 되는 순간, 직장에서도 가정에서도 사회에서도 설 자리를 잃게 된다.

이렇듯 많은 지표와 연구결과가 40~50대 관리직급 직장인들의 정신건강에 적신호가 켜졌다고 보고하고 있지만, 언제나 그들은 우선순위에서 밀렸다. 미성년 아이들이 더 취약하고, 노인들이 더 안타깝고, 청년들이 더 안쓰럽다는 사회적인 인식이 저변에 확고히 자리 잡고 있기 때문이다. 어쨌든 그들에게는 매달 월급이 들어오지 않는가? 사람들은 은연중 '돈이 있으니 자신의 정신건강쯤은 알아서들 챙기세요!' 라고 떠밀었다. 그러는 사이 그들은 지쳐갔다. 힘들어졌다. 그래서 우리는 그들을 조금 더 들여다보기로 했다. 그들에게 조금 더 직접적인 도움을 줄 수 있도록 방법을 찾아보고자 했다.

그들이 언제 제일 힘든지, 그리고 언제 행복을 느끼는지 직접 그들의 입을 통해서 이야기를 들어본 적이 있던가? 쉽게 떠오르지 않았다. 대개는 그들을 바라보는 다른 사람들, 일테면 다른 세대나 가족, 사회 등의 이야기였고 전문가들의 분석이 종종 곁들여졌을 뿐이다.

그래서 우리가 선택한 방법은 정면돌파였다. 그들에게 직접 이야기를 들어보는 것이다. 이렇게 기획된 심층 인터뷰는 이런저런 이론이나 현상에 기대어 그들을 바라보고 평가하고 단정 짓기보다 무엇이 가장 힘든지, 진짜 간절히 원하는 것은 무엇인지, 어떻게 하면 좋을지 단도직입적으로 물어보며 진행됐다. 그들에게 '정신건강' 이라는 화두를 던져 진솔한 이야기 속에서 문제도, 답도 찾아내 보고자 했다.

그렇게 하면 그들이 '낀 세대'라는 점만을 강조하며 측은한 마음을 자극할 필요도, '멘탈 갑'들만 따로 뽑아 인터뷰한 뒤 교과서 같은 지침들을 나열할 필요도 없을 거라 생각했다. 누구나 그렇듯 그들에게도 힘든 점이 있고, 행복할 때도 있고, 잘하는 면도 있고, 다짐은 하는데 잘 안 되는 것도 있으니 말이다. 그러기 위해서는 지금 우리 옆에 있는 그들을 있는 그대로 바라보는 과정이 중요하다. 그래야만 그들 스스로 진짜 위로를 얻을 수 있고, 주변 사람들은 진정으로 공감할 수 있으며, 언젠가 그들의 자리에 오를 젊은이들에게도 실제적인 도움이 될 노하우를 전할 수 있을 것이다.

결의가 깃든
외로움

우리가 인터뷰를 진행하며 만난 관리직급 직장인의 느낌을 한 마디로 정리하면 '결의가 깃든 외로움'이었다. 인터뷰를 위해 한두 시간을 내는 것도 빠듯한 그들, 인터뷰 중에도 여기저기서 급한 연락이 오고 업무 관련 이슈나 리더십에 대한 책을 읽기에도 벅찬 그들에게 '정신건강 실태와 증진 노하우를 위한 심층 인터뷰'라는 제목은 너무도 거창했다. 그럼에도 맡겨진 과제를 해내듯 묵묵히 인터뷰에 임하는 그들을 보며, '결의'와 '외로움'이라는 단어가 동시에 떠올랐다. 특히 직장에서의 나, 가정에서의 나, 사회에서의 나에 대해 스스로를 어떻게 바라보고 있는지를 직접적으로 물어보았을 때(우리는 자신과 비슷한 이미지를 잡지에서 찾아보라고 요청했다)의 대답은 예상보다 훨씬 생생했다.

"등대지기 같아요. 미래가 어떤 식으로 전
개될지 혼자 생각할 때가 많아요. 몇 년 전
부터는 지방에서 일을 하게 됐는데, 상대
하는 사람들이 주로 밑에 직원들이나 거래
처 사람들이에요. 그래서 주로 혼자 고민
해야 해요."(직장에서의 나)

　- 50세, 기술용역기업 상무

"집에선 늘 인자하게 웃고 있죠. 애들 보면서
흐뭇해하고, 야단치는 거 전혀 없어요. 그런
데 그게 서먹해서 그래요. 몇 마디 하고 나
면 서로 할 얘기가 없거든요."(가정에서의 나)

　- 54세, 관광 관련 기업 상무

"가족은 제가 언제나 다이아몬드처럼 단단
하고 폼도 나길 바라는 것 같아요. 하지만
다이아몬드는 액세서리 아닙니까? 유행이
바뀌면 조용히 케이스에 들어가 있어야 하

죠. 혹여 불에라도 들어가면 가치는 100퍼센트 사라지고요. 연기가 되어 날아가 버리잖아요." (가정에서의 나)

    – 54세, 전산 관련 중소기업 이사

"그냥 one of them이죠. 차 한 대 한 대 는 훌륭할지 모르지만, 다른 차들과 비교하면 크게 특출나지 않잖아요? 그런 측면에서요. 바람직한 사회 구성원이 되려면 너무 튀거나 뒤떨어지는 것도 좋지 않다고 생각해요." (사회에서의 나)

    – 41세, 화학 관련 기업 부장

이런 말들 속에서 공통으로 느껴지는 감정은 외로움이었다. 직장에 속해 있으나 정작 자신의 미래는 홀로 책임져야 하는, 스스로 불을 밝히고 스스로 방향을 정하고 스스로 책임져야 하는 등대지기. 집에서는 바쁜 회사 일 때문에 가끔 얼굴만 비치면서 이래라저래라 잔소리만 해대는 꼰대가 되지 않으려고 애써 웃는 얼굴을 해야 하는, 몇 마디 대화를 끝으로 서먹해지는 외로운 배우자이자 자식이자 부모. 그리고 사회에서는 군중 속에 포함되어야 안도감을 느끼는, 그러면서도 개성을 상실해가는 자신의 모

아무에게도 말할 수 없었던 진심

습에 고독을 느끼는 한 자아.

그럼에도 그들은 속 시원히 속내를 꺼내지 않는 조심스러운 태도를 유지했다. 조심조심 힘들게 속내를 꺼낸 뒤에는 어김없이 결의에 찬 표정과 목소리로 마무리를 하곤 했다. 누군가는 그런 모습이 나잇대에 맞게 무언가 있어 보이려 하기 때문이라고 생각할지 모른다. 하지만 그것은 스스로에게 하는 주문과도 같다고 느껴졌다. '힘들지만 힘들어하면 안 돼'라고 다짐하며 주문을 걸듯이 말이다. 사회 전반적인 인식이 그렇듯, 그들 스스로도 '내 정신건강은 내가 알아서 챙겨야 해'라고 다짐해왔듯이 말이다. 하지만 정작 본격적인 인터뷰에서 그들은 '정신건강'이라는 단어를 무척 낯설어했다. 현대 사회에 들어서면서 몸身과 마찬가지로 마음心도 건강하게 하는 것이 매우 중요하다는 의견이 많이 받아들여졌지만, 여전히 '정신건강'이란 단어가 심각한 정신적 문제나 정신장애를 우선 떠오르게 하는 것도 사실이기 때문이다. 그런 이유로 심층 인터뷰에서도 '스트레스를 덜 받고 행복을 높이는 방법'으로 풀어 이야기를 해야 했다. 그러자 그들도 스스로의 '정신건강'에 관심이 많다는 것, 그리고 때때로 진지하게 고민하고 있다는 것을 털어놓았다

"계속 그런 고민을 하고 있죠. 뭐가 나한테 맞는 삶인가, 어떻게

사는 게 맞는 건가, 지금처럼 이렇게 사는 게 맞는 건가, 어차피
한 번 사는데 좀 다르게 살아봐야 하지 않을까 하고 말입니다."
– 46세, 게임 관련 업체 이사

직장인 1,000여 명을 대상으로 한 설문조사에서도 같은 결과가
나왔다. '신체적으로 건강한 삶'과 함께 '정신적으로 건강한
삶'에 대해 평소 얼마나 자주 생각하는지를 물으니, 정신적으
로도 건강한 삶을 예상보다 자주 고민하고 있었다. 거듭 '나 자신
의 정신건강'에 초점을 두어 다시 질문하고 응답을 들을수록
40~50대 관리직급은 꽤 많은 부분에서 공통된 고민을 하고 비
슷한 순간에 행복을 느낀다는 점이 드러났다. 그리고 한 사람
한 사람의 이야기가 누적될수록 단순한 지적 이해를 넘어선 정
서적 공감도 경험할 수 있었다. 그리고 더욱더 놀라운 점은 본
인들은 별거 아니라고, 다들 그러지 않느냐고 손사래를 쳤지만
나름대로 스트레스를 관리하고 행복을 높이는 저마다의 노하우
를 가지고 있었다는 점이다. 그럴듯하고 거창한 것이 아닌 실생
활에서 당장 가능한 것이었기에, 그 노하우를 전해 들을 때마다
마치 숨겨진 보물을 발견한 느낌이었다.

아무에게도 말할 수 없었던 진심

신체적 · 정신적 건강에 대한 생각

우리나라 직장인 1000명(30대 145명, 40대 424명, 50대 370명, 60대 61명)을 대상으로 조사한 결과, 신체적 건강을 생각하는 것만큼 정신적 건강에 대한 생각도 자주 하는 것으로 나타났으며, 특히 나이가 많을수록 그리고 직급이 높을수록 더욱 그러했다.

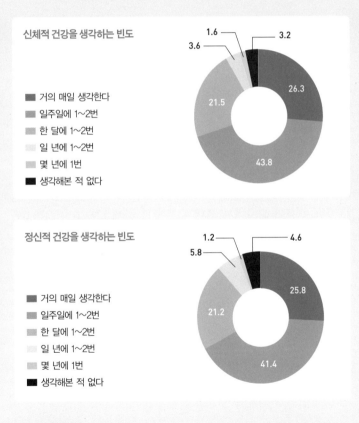

조사: 마크로밀 엠브레인

가족에게 들려주고 싶은 이야기

그리고 인터뷰가 끝날 때쯤, 또 다른 공통된 반응이 발견되었다. 다른 이들도 이런 인터뷰 기회를 가졌으면 좋겠다는 마음, 그리고 자신의 이야기를 주변 사람들과 함께 나누고 싶다는 기대였다.

"생각해보니 이직한 지 오늘이 딱 2년 되는 날이었네요. 인터뷰하면서 그동안의 생각들이 조금은 정리가 되는 느낌입니다. 저도 나름 노하우가 있었다는 것도 알게 되고, 제가 도움을 더 받았습니다. 다른 사람에게도 이런 시간이 있으면 좋겠네요."
– 55세, 중소기업 부사장

"책으로 나오면 가족들과 함께 읽고 싶네요. 첫 페이지에 '누구에게 전합니다' 이런 칸 만들어서 말이죠."

— 51세, 패션 관련 기업 상무

"지금 녹음한 거, 파일 좀 보내주실 수 있나요? 평소에는 쑥스러워서 직접 말 못 했는데, 배우자와 애들한테 들려주면 좋을 것 같아서요."

— 49세, 화학 관련 기업 이사

〈임금님 귀는 당나귀 귀〉의 이발사처럼 누군가가 나의 이야기에 귀 기울여주었으면 하는 바람은 그들도 마찬가지였다. 아니, 그일은 정말 필요하다고 확신하게 되었다. 그들의 말을 잘 정리할수만 있다면 그들이 속한 직장에서, 가정에서, 그리고 사회에서더 공감받고 소통할 기회를 늘릴 수 있겠다는 희망도 생겼다. 보물 같은 그들의 노하우는 소통하는 이에게 선물이 되고 말이다.

"40~50대 직장인은 무조건 힘들다? 그렇게 못 박을 수는 없죠. 그러면 불행해서 어떻게 살아요. 힘든 것도 있지만, 분명히 좋은 것도 있고. 잘난 것도 있으니까요."

— 51세, 패션 관련 기업 상무

이제 본격적으로 그들의 이야기를 들어보자. 심층 인터뷰에서 나온 이야기들은 성별은 물론 나이, 직급, 직책, 업종, 회사 규모를 모두 가렸다. 불필요한 선입견이나 고정관념에 영향 받지 않고 그들의 마음을 진솔하게 들어보기 위함이다.

그들이 말하는 대로, 우리나라 40~50대 관리직급 직장인들 모두가 '힘들 때도 있고 좋을 때도 있다는 것', 그리고 '잘하는 것도 있고 잘 안 되는 것도 있다는 것', 그래서 '자기 안에서 스스로 문제도 찾고 답도 찾을 수 있다는 것'을 모두가 공감할 수 있기를 바란다.

아무에게도 말할 수 없었던 진심

내가 애쓰지 않으면 내가 있을 곳이 없어진다.

2장

밀어주고
끌어주는 전쟁터,
직장

나를 불안하게
하는 것들

관리직. 일반 사원이었을 때는 '놀고먹는' 것 같던 그 자리에 지금 그들이 있다. 그들도 이제는 안다. 절대 놀고먹는 자리가 아니라는 걸. 오히려 직급이 올라갈수록 또 다른 스트레스가 추가된다. 그들의 이야기를 정리해보니 스트레스가 가중되는 원인으로 크게 세 가지 키워드가 잡혔다. 첫째는 성과에 대한 압박, 둘째는 외면할 길 없는 사내 영업, 그리고 셋째는 호환마마보다 더 무서운 퇴사였다.

아무에게도 말할 수 없었던 진심

성과 그리고 만족을 모르는 회사

"직급으로 부른다는 건 '여기서부터는 당신들이 이거 이거는 해야 된다' 라는 것이거든요. 직급이 부여된다는 건 그 순간 다른 역할, 의무가 주어졌다는 의미죠. 핵심은, 저 같은 영업 쪽을 예로 들면 정확히 딱 '연간 얼마 이상' 이라는 책임 부여예요."

주어진 일을 그저 열심히 하는 것으로 밥값 하는 시기는 지났다. '실수', '시행착오' 같은 단어와도 작별이다. '그래도 최선을 다했으니 됐다' 며 어깨를 토닥거려주는 이도 없다. 오직 겉으로 드러나는 성과로 나의 월급값을 보여주어야 한다. 세상에 거저 주어지는 직급은 없다.

"사원일 때는 내가 아니더라도 누군가가 내 일을 대체해줄 수 있고, 프로젝트의 일원으로서 역할을 하면 되니깐 책임에 대한 무게감이 덜했죠. 하지만 지금은 오롯이 내 이름을 가지고 자기 완결형 형태로 끝내야 해요. 근데 그런 프로젝트들이 너무 많아지니까… 스트레스가 너무 심해요."

부서원들의 사정이 어떻든 간에, 다른 부서 및 거래처 상황이 어떻든 간에, 국가 및 세계 경제 흐름이 어떻든 간에 요리조리 '관리'를 잘 해서 성과를 내야 한다. 그것이 나에게 주어진 일이다. 그래야 관리자로서 존재가치가 있는 것이다. 그 '관리' 해야 하는 지점들이 사정없이 많아져도 말이다.

게다가 성과에 대한 평가 또한 즉각적이고, 직접적이고, 때로는 혹독하다.

"임원회의 때 성과 잘 나온 팀은 어깨에 힘이 들어가고, 아닌 팀은 풀이 죽어 있어요. 얼굴만 봐도 알아요. 얼굴이 똥색이 되어 있죠."

관리자는 팀의 성과를 들고 최전방으로 간다. 물론 위로와 응원이 가득한 회의 시간이라는 것도 지구상 어딘가엔 있을 것이다. 하지만 내가 있는 이곳은 아니다. 평가를 하는 사람은 또 그 사람의 역할이 있으니, 당연히 여러 가지를 비교해야 한다. 팀들 간의 비교, 지난달이나 작년과의 비교, 업종에서의 비교 등 데이터를 끌어올 수 있는 건 모두 가져와 이 성과가 어떤 값을 하는지 판단을 해야 한다.

"책임을 진다는 건 깨진다는 거죠. 오너나 사장이 사원을 깨겠어요? 담당 임원이나 부장급을 깨죠. 그래야 파급효과가 가장 크거든요. 오너나 사장에겐 인사권이 있지 않습니까? 그러니깐 그냥 한번 깨지고 '에이 기분 잡쳤네' 하면 되는 게 아니라, 거기에 대한 움직임이 있어야 하거든요. 행동이 따라야 하죠."

결재 서류가 날아다니는 장면은 이제 없다 해도, 자존심 와르르 무너지는 순간은 여전히 있다. 그간 나의 노력이나 경력이 한순간에 아무것도 아닌 것처럼 여겨지게 하는 평가의 순간, 너는 언제든지 대체될 수 있는 사람이라는 뉘앙스. 그럴 때면 정말 '나보고 나가라고 이러는 건가' 싶다.

"실적만 얘기하는 게 아니라 그것을 딴 데 비유해서 인간적인 모멸감을 주면 참 오랫동안 남아요. 비유도 참 교묘하게 하는데, 본인은 자기가 굉장히 교양 있게 얘기한다고 생각하겠죠. 하지만 그걸 들은 사람은 트라우마가 평생 갈 수 있어요. 그냥 직설적으로 '야, 좀 잘 해라', '이번 달 왜 이러냐'가 아니라 그런 비유를 들으면 정말 오랫동안 남아요."

그런 순간이 바로 오늘 연출될 수도 있다는 두려움을 매번 이겨내는 것이 관리직의 역할이라면 역할이겠다. 성과에 대한 압박과 성과로 인한 위협을 버텨내는 것 말이다. 사람들은 이걸 좋은 말로 '책임'이라고 한다.

이렇게 높아진 책임에 비해 결정권이나 주도권은 여전히 부족하다. 물론 회사나 부서의 특성에 따라 다르겠지만, 오너가 아닌 이상 내 위에 누군가는 꼭 있다. 그 누군가의 방향성을 외면할 수가 없는 것이 또 직장인의 숙명이다.

"사실 오너가 아닌 이상, 무슨 직급이 되어도 위에서 찍어 누르면 죽어도 해야 하죠. 자기가 회사에서 정말 주요한 결정을 할 수 있는 것도 아니거든요. 부장이 되고 임원이 되어도 위에서 시켜서 하는 것이 여전히 많아요. 말은 결정을 한다고 하고 보고서도 올리지만, 실제로는 짜여 있는 각본 안에서 움직이는 것 같기도 하죠."

게다가 팀원들의 일을 직접 해야 하는 때도 적지 않다. 사원들에게 매일 야근하라고 할 수가 없는 형편이기 때문이다. 회사 사정에 따라 실제로 최근 몇 년간 신입사원을 못 뽑은 경우도 있다. 내가 사원일 때의 팀장님이나 부장님, 전무님이나 이사님은 이러지 않았던 것 같은데…. 내가 그동안 오해를 했던 걸까? 아니면 우리 세대만 이렇게 된통 당하는 걸까?

"예전에 관리직급은 밤마다 술 먹고 퇴근해서는 아침에 슬쩍 나와 앉아 계셨죠. 지금은 그게 안 돼요. 관리직급도 앉아서 머리 박고 일해야 하고, 확인해야 하고, 윗분들 지시 정리해야 하고. 관리직이라기보다는 직장 내 하나의 링크? 중간자? 그렇게밖에 생각이 안 돼요."

"이제 선장으로서 일을 하는 위치에 왔는데, 아직도 밑에 있는 것 같아요. 밑에 사람은 바뀌었지만, 위에 사람은 똑같고…. 그래서 과연 내가 정말 관리자인가 하는 생각이 많이 들죠."

퇴근을 해도 업무 생각이 쉽게 떠나질 않는다. 그러지 않으려 해도 쉽지 않다. 머릿속에서 여러 업무에 대한 계획과 염려들이 계속 돌아간다. 아무것도 안 하는 순간이 찾아오면, 자동으로 머릿속에는 여러 프로젝트가 각자의 위험성을 가진 채 돌아다닌다. 실제로 갑작스럽게 문제가 터져 바로 수습해야 하는 때도 있다. 확실히 나의 주의를 빼앗는 무언가를 하지 않으면(술이든, 골프든, 스포츠든, 가족 문제든), 어느샌가 또 일 생각을 하고 있다. 퇴근을 해도 퇴근을 하는 게 아니다.

　이쯤 되면 누군가는 배부른 투정 하지 말라고 할지도 모른다. 그래도 당신들은 학창 시절 실컷 놀고도 취직한 세대 아니냐, 지금도 정규직 꿰차고 있지 않느냐, 심지어 때 되면 월급도 오르지 않느냐고. 사실 그렇게 따지면 할 말은 없다. 혹 대기업에라도 다닌다면, 어디 가서 볼멘소리했다가는 돌팔매 맞기 십상이다.

하지만 어디까지 올라가든, 상대적 박탈감은 어김없이 존재한다. 정도의 차이는 있겠지만, 누구나 좋은 것에는 금방 익숙해져 당연한 것이 되기 마련이니까. 더구나 우리는 만족하고 안주하기보다는 더 높은 곳을 보며 더, 더 나아가라고 배운 세대다. 왠지 모르게 나만 충분한 보상이나 인정을 받지 못하는 것 같은 억울함에 울컥할 때가 많고, 그럴 때면 순식간에 온 마음이 흔들린다.

"임원도 부대표나 부회장이냐, 일개 상무나 전무냐에 따라 다르죠. 조직은 명확히 피라미드거든요. 밑에 일개미들이 쭉 일한 것을 정점에 있는 사람이 가져가는데, 정점에서 몇 년씩 하면 좋은 거죠. 근데 중간은 애매해요. 나는 더 열심히 일하는데 기껏해야 조금 더 가져가고, 위에 빨대만 꽂고 있는 사람은 갈구기만 하면서 많이 가져가는 것 같거든요."

"모나지 않게 살아왔다고 생각하는데, 요즘 들어 일반적인 사람들보다 특출나게 뛰어난 사람들을 보면서 일종의 상대적인 박탈감… 그런 거를 느끼고, 지금까지 살면서 내가 뭐 했나 싶은 생각이 들기도 하고 그렇죠."

순간순간 떠오르는 우울함과 억울함을 이겨내면서 나름 최선을 다해 '관리'를 해서 성과를 내도, 회사는 여전히 배가 고프다고 한다. 회사는 작년보다는 올해, 지난달보다는 이번 달, 어제보다는 오늘 손톱만큼이라도 더 많은 이윤을 추구한다. 인풋을 줄이든, 아웃풋을 늘리든 말이다.

　세계적으로 지금은 저성장 시대라고 하는데, 우리가 언제 저성장기를 경험해봤던가. 어쨌든, 스스로도 월급이 들어올 때마다 그만큼의 값은 하고 있다고 느껴야 속이 편하다. 주변에서도 지금 너희 팀만 어려운 것도 아니니 이런저런 변명 하지 말고 계속 앞으로 나아가라고 한다. '그렇게 못 할 거면 너는 더 이상 필요 없다'는 압박을 느끼면서, 나의 효용가치를 증명하기 위해 발버둥쳐야 한다. 그렇게 우리 관리자들은 오늘도 성과에 목을 맨다.

외면할 길 없는 사내 영업

"예전에는 회사에 그리 연연하지 않았어요. 나 자신이 경쟁력만 있으면 어디든 갈 수 있으니, 그게 그렇게 중요하냐고 생각했죠. 하지만 40대 넘어가면서 회사에 대한 로열티가 확 커지는 거예요. 옛날에는 회사 정책에 사사건건 반대하곤 했는데, 이제는 다른 직원들이 그럴 때면 '쟤네 왜 저래? 회사에서 하라는 대로 하면 안 돼?' 라는 생각이 먼저 든다니까요. 여러 일을 하게 되면서 이런저런 법, 세금, 사내 외 이슈들을 두루두루 알게 되니깐, '내가 이 조직의 힘을 떠나서 이렇게 할 수 있을까?' 라는 생각이 절로 드는 거죠. 내 역량만으로 나만 잘해서라기보다 '내가 속해 있는 회사가 받쳐주니깐 이 정도의 성과가 나는 거구나!' 라는 것을 알아버린 거예요."

회사에 대한 로열티가 본격적으로 높아지는 것은 한 프로젝트의 성과가 나오는 A부터 Z까지의 전 과정을 알게 되면서부터다. 한 사람이 잘해서, 나만 잘나서 그동안 월급이 나온 게 아니었다는 것을 알게 되는 것이다.

예전보다 시야가 넓어지니 회사라는 조직의 입장, 오너나 사장의 입장, 각 부서의 입장, 팀원 개개인의 입장만이 아니라 거래처의 입장, 국내외 관련 이슈들까지 어느 것 하나 놓칠 수가 없다. 차라리 혼자 밤을 새워 마무리할 수 있는 일이면 몸은 힘들어도 마음은 편하겠는데, 다른 이들의 힘을 빌려 일을 풀어나가야 하고 결과 역시 나만의 만족이 아니라 외부의 인정을 받아야 하기에 자연스레 스트레스가 클 수밖에 없다. 업무를 조정하고 결과를 감당하는 위치에 올라서면서 결국 회사라는 게 각각의 입장과 역할이 모두 존재해야 돌아가고, 그래야 내가 출근할 곳이 유지된다는 걸 깨닫게 된다.

그러다 보니 이런저런 영업을 할 수밖에 없다. 중재라고도 하고 조율이라고도 하고 조직 관리라고도 부를 수 있겠다. 처세술이니 대인관계 기술이니 리더십이니 하고 바꿔 말할 수도 있겠다. 하지만 결국 '그러니깐 네가 한 게 뭐야?'에 답해야 한다는 측면에서 보면 '영업'이라는 말이 가장 솔직한 표현 아닐까 싶다.

"이 팀하고 저 팀하고 싸우는 경우가 되게 많아요. 그럴 때 예전처럼 '내 식구는 건드리지 말아라' 이런 입장만 유지할 수가 없더라고요. 문제가 생겼을 때 누가 잘했고 누가 못했냐가 중요한 게 아니라, 문제를 해결하는 데 중점을 두게 되니까. 그리고 지금 당장은 이 팀이 저 팀 때문에 손해를 보지만, 다음에는 반대 입장이 될 수 있다는 것도 아니까. '이번에는 이렇게 하자'라는 식으로 결정을 내려야 하는 순간이 있죠."

관리직급이 되면 부서 간 조율을 해야 할 때가 많다. 낯설면서도 어려운 문제다. 아차 했다가는 자기 팀만 챙기는 공공의 적이 되기도 하고, 어느 팀 하나를 궁지에 몰아넣는 상황의 주모자로 몰릴 수도 있다. 결국 관리자가 되면 여기저기의 사정을 들어야 하고(일은 안 하고 뒤만 캐는 것처럼 보일 수 있다), 여기저기의 입장을 헤아려야 하고(박쥐처럼 보일 수도 있다), 수많은 경우의 수를 따져가며 각 상황에서의 리스크risk와 베니핏benefit을 계산해야 한다(노는 것처럼 보일 수 있다).

팀원 한 명 한 명을 관리해야 하는 것은 기본이다. 인사평가 때의 고심이야 말할 것도 없고, 일상적인 지시나 사소하게 싫은 소리를 할 때도 마찬가지다. 고양이 손이라도 빌리고 싶을 만큼 바쁘게 돌아가는데 팀원이 갑자기 휴가를 낸다고 하면, 속은 타들어가도 "무슨 일로 가니?" 우선 물어봐야 한다. 팀원 눈치 보는 게 관리자의 주요 업무 중 하나가 된 것이다. 조금 더 솔직히 말해, 위로 아래로 계속 모셔야 하는 사람들만 늘어가는 느낌이다.

'일 시키는 게 일'이 되어버린 관리직급으로서, 나도 정말 싫어하던 상사의 모습을 내가 하고 있을 때가 있다. 나도 주말에 일하는 거 싫고 스마트폰 메신저 받는 것도 정말 싫은데, 클라이언트가 주말도 상관없고 아침저녁도 따로 없이 업무 관련 연락을 하면 어쩔 수 없이 받아야 한다. 그러고는 팀원들 단체 채팅방에 곧바로 올려야 한다. 내가 싫은 걸 부하직원들한테 하는 것이다. 정말 싫지만 그렇게 할 수밖에 없다. 나 혼자는 못 하니까. 그러면서 생각하는 것이다. 나 같아도 내가 싫겠다고.

그래서 부서 관리와 관련된 이런저런 교육도 받고, 리더십 책도 읽지만 어렵기는 매한가지다. 팀원에게 무조건 일을 시키기도 어렵고, 그렇다고 내가 일일이 체크하는 하는 것도 부적절해 보이고…, 갈수록 고민이 깊어진다.

"대기업에서 20년 있다가, 거기서 잘리고 몇 년 전에 여기 왔어요. 전 직장에서는 과장한테도 시키지만 부장인 저도 파워포인트, 엑셀 다 했어요. 어차피 상무나 전무한테 보고하는 건 나니까 잘 해서 잊어버리지 않으려고. 여기 와서도 그걸 못 벗어나서 제가 직접 고쳤단 말이에요. 그러다 어느 날 화장실에 있다가 이런 이야기를 들었어요. '무슨 돌아이가 와 가지고 자기가 무슨 파워포인트를 한다고. 저런 거는 문제 있지 않냐?' 하…. 그렇다고 올라오는 걸 무조건 '오케이' 하고 통과시킬 수도 없고. 혼란이 있었지요."

"결국 일은 밑에서 만들어내야 할 때가 많잖아요. 어디는 구성원이 좋아 가지고 잘나가는데, 우리 팀이 잘 안 될 때는 이게 나의 문제냐 내 구성원들의 문제냐 그런 부분에서 고민될 때가 있죠."

팀원들의 마음을 헤아려주기보다, 나도 모르게 구시대적인 업무 스타일을 강조하는 게 아닌가 하는 생각이 들 때도 있다. 이런저런 복잡한 마음에 회식 자리에서 '나도 좀 이해해주라', '힘들어도 이번에는 좀 해보자' 같은 말도 하지만, 그런 식의 소통도 쉽지 않다. 불편한 감정이나 솔직한 마음을 '대화'라는 걸로 풀어본, 그것도 직장에서, 사례를 거의 본 적이 없다. 그런데 이제는 그렇게 해야 한다고 한다.

"이건 진짜 이야기하고 싶어요. 우리 때는 군대식 표현으로 까라면 깠거든요. 근데 요즘은 그렇게 못 해요. 우리 부모님 세대가 죽도록 부모 섬겼는데 자식들한테 버림받았다고 하잖아요. 우리 세대는 직장 내에서 그래요. 근데 사회가 그렇게 흘러가는 거라, 어쩔 수 없어요. 나만 아니라고 하면 나만 손해고 나만 스트레스받고. 그러니깐 수용하는 게 맞아요. 그냥 한 번씩 혼자 씁쓸하죠."

늦은밤까지의 회식은 서로 솔직해지고 각자의 입장도 헤아릴 기회를 제공했기에 반복되었던 게 아닐까 한다. 개인적인 감정이나 의견을 솔직하게 교류하는 기술을 거의 훈련받지 못한 이들로서 조금이라도 느슨해질 수 있는 온갖 장치(예를 들면 밤, 기름진 식사, 취기, 풀어진 자세, 좌식, 노란 조명 등)를 동원해야 그나마 서로의 이런저런 사정들을 내놓게 되었던 것이다.

"실제로 미안한 경우도 많아요. 기간 내에 프로젝트를 끝내기 위해 전 직원이 매달리죠. 마감 직전에는 밤도 새고요. 완료하면 휴가 쓸 수 있게 하겠다고 약속을 해요. 근데 그런 약속만 제가 3년째 하고 있더라고요. 쉬지 못하고 바로 다음 프로젝트 들어가니까. 그럴 때 어떤 직원이 2주짜리 휴가 써버려요. 그럼 한편으로 충분히 이해가 가면서도, 미안하면서도, 순간적으로는 확 화가 치밀어요. 그런 다음에는 예전처럼 막 담배 피우고 술 먹으면서 말할 수 없으니까 서로 일단 피하게 돼요. 그러다 서로 대화하는 일이 줄어들고 눈도 잘 안 마주쳐요. 어느 순간 제가 투명인간 같다는 생각을 한 적이 있어요."

'끌어주고 밀어주고' 이런 말을 들으면서 직장생활을 시작했지만, 지금은 너나없이 본인 앞가림도 어렵다. 이런 상황에서도 관리자는 팀원들을 끌어주어야 한다. 단, '꼰대 같지 않게' 가 중요하다. 젊은 직장인, 그러니까 저 후배들도 하나의 조직에 속해 있다는 그 소속감을 싫어하지는 않을 것이다. 하지만 그것이 매일 늦게까지 야근하면서 저녁 먹고 술 먹는 것으로 가능하지는 않다. 이제는 새로운 방도를 찾아야 한다. 그렇지 않다면, 나도 팀원들도 소속감을 잃어갈 것이다.

야근보다 무서운 눈치 속 인내

또 다른, 빤한 영업도 계속된다. 바로 위를 향한 영업이다. 그저 상사에게 아부하고 비위 맞추는 것이라 치부되면, 솔직히 억울한 측면도 있다.

관리직급의 역할은 팀원들을 잘 관리해 성과를 내는 것에서 그치지 않는다. 성과를 윗선에 보고하는 일이 남아 있다. 얼핏 별거 아닌 것 같지만, 관리직급이 되면 보고 자체가 능력임을 뼈저리게 느끼게 된다. 성과라는 것이 어떤 포장지로 싸느냐에 따라서 주요한 업적이 될 수도 있고, 당연한 결과가 될 수도 있기 때문이다. 리스크를 감수하고 얻어낸 용기 있는 시도로 비칠 수도 있고, 쓸데없는 만용으로 보일 수도 있다.

게다가 똑같은 보고를 해도 어떤 상사는 이렇게 듣고, 어떤 상사는 저렇게 듣는다. 똑같은 코끼리를 두고도 꼬리를 만진 장님은 밧줄 같다고 하고, 몸을 만진 장님은 벽 같다고 한다는 얘기처럼 똑같은 성과를 놓고도 반응이 전혀 달라질 수 있다. 그러니 내 의도를 정확히 전달하기 위해서는 상사에 맞춰 말투, 대화 방식, 제시하는 방법 등을 달리해야 한다. 그러니 영업을 또 해야 하는 것이다. 개인 맞춤형 영업 말이다. 그래야 내가 살고 우리 팀이 산다.

한국의 기업 문화에서는 외부 영업도 중요하지만, 내부 영업도 결코 무시할 수가 없다. 특히 독점에서 출발한 기업은 내부 영업이 훨씬 더 강하다. 일례로 영업이익이 큰 프로젝트를 어느 사업단에 떨어뜨리느냐 하는 결정은 결국 내부 정치에 달려 있다. 따라서 관리직은 내부의 역학관계에서 결코 자유로울 수가 없다. 자유는커녕 목을 맬 수밖에 없다.

특히나 '끌어주고 밀어주는' 분위기가 다분했던 시절부터 쭉 모셨던 상사하고는 여전히 속 시원한 이야기는 사무실이 아닌 곳에서 털어놓을 때가 많다. 직장 문화가 바뀌고 있다지만, 관리직급에 오른 이들은 몸에 밴 습관 때문에 변하기도 힘들다.

"한 5~7년 전부터 분위기가 바뀌었어요. 고위 임원이 '오늘 저

녁 먹자' 이러면, 젊은 사원들은 '안 되는데요', '약속 있습니
다' 그래요. 약속 있다는데 뭐라겠어. 결국 제일 만만한 게 바
로 밑에 있는 관리직이죠. 부장급까지는 그 분위기를 알잖아
요. 거기서 못 벗어나는 사람들이 40~50대예요, 낀 세대. 대리
급, 과장급에서 올라온 사람들은 자기가 그런 문화에 젖어 있
단 말이야. 위에서 말하면 찍소리 못 하고 따라가는. 그러니까
자기는 따라가는 게 몸에 배어 있으니까 따라가야 하고, 잘리
지 말아야 하고. 이게 복합적인 거예요. 그러니까 아직까지 스
트레스를 받는 거죠. 자동으로 '상무님 저 시간 됩니다' 해놓
고 돌아서서 '아이 씨' 이러는 거예요."

관리자는 말 그대로 관리하는 사람이다. 하나의 제품을 직접 만
드는 사람이 아니라 제품을 만들어내는 현장 직원과 이를 판매하
는 조직을, 나아가 직장 밖의 소비자와 넓게는 사회까지 관리하
는 사람이다. 여러 직원 간에, 수많은 부서 간에, 때로는 사업장
들 간에 각자의 역할과 이득을 따져야 한다. 별수 없이 전면에 나
서서 누군가를 설득해야 할 때가 찾아온다. 상사는 물론이고 부
하직원, 타 기업, 때로는 언론이나 시민사회까지 말이다. 결국 중
간에서 이곳저곳의 입장을 조율하는 입장이 된다. 그런데 정말
쉽지가 않다. 특히 밑의 팀원들 눈에는 조직과 오너의 입장만 그

대로 읊는 앵무새 대변인으로 비치기 쉽다. 같은 월급쟁이이면서 자기만 회사를 위하는 척, 심지어 회사의 곳간을 채워야 한다는 위대한 사명감을 갖고 이 땅에 태어난 사람처럼 보일 수 있다.

하지만 관리자가 갑인가? 관리자도 여전히 을이다. 오히려 일반 사원일 때보다 더 을이다. 책임질 일이 많기에 윗사람 눈치 볼 일이 훨씬 더 많아진다. 오너 스트레스, 내부 영업 스트레스가 어떤 업무 스트레스보다 막강해지는 것이다. 나만 잘한다고, 나만 열정적으로 밤을 샌다고 되는 게 아님을 절실하게 느끼니 영업을 안 할 수가 없다. 급한 마음에 서둘러 나서다가 일을 그르치기도 한다. 야근보다 더 무서운 눈치 속 인내가 요구되기도 한다.

관리자는 일반 사원과 별개의 종이 아니다. 관리자도 업무량이 줄었으면 좋겠고, 조금이라도 더 좋은 대우를 받았으면 좋겠고, 휴가도 마음 편하게 떠날 수 있으면 좋겠고, 성과가 공정하게 나눠졌으면 좋겠다고 간절히 바란다. 이런 마음은 일반 사원일 때와 똑같다. 그럼에도 그저 똑같은 문제에 대해, 어느 정도의 얄팍한 책임이 있어서 원망의 대상이 된다는 것만 다르다. 그래서 절로 이런 생각이 들고 만다.

'대체 내가 을인가, 갑인가? 나는 요즘이야말로 내가 가장 을이라고 느끼는데, 왜 갑질한다는 소리를 듣는 거지?'

"사원 시절, 일 많이 할 때는 힘들어도 재미가 있었어요. 뭔가 한다는 느낌이 들고. 그런데 지금은 더 힘든데, 그 재미조차 없이, 그냥 가고 있다는 생각이 드니까…"

팀의 프로젝트가 잘되어도, 내가 얼마나 애썼는지 팀원들이 잘 몰라준다는 생각이 들 때도 많다. 사실 스스로 자신의 노력을 제대로 모를 때도 많다. 좋은 결과가 나올 때까지 내가 뭘 했나 싶은 것이다. 그러면 후배들이 나를 무임승차자로 보면 어쩌나 걱정도 들고, 오너의 칭찬도 입에 발린 소리로만 들린다. 결국에는 못된 시어머니처럼 팀원들 갈굼 덕에 월급 받는 존재가 된 건가 싶다. 허망해질 수밖에 없다.

　'알고 보면 이 일 저 일 죄다 나 아니었으면 하나도 안 이루어졌어!' 라는 자부심이 그 어느 때보다 필요한데, 정말 그렇게 큰소리 한번 치고 싶은데…, 왜 슬금슬금 눈치만 살피게 되는지 자신도 알 수가 없다. 결국 관리직의 역할에 대해 조직도, 사회도, 나 자신조차도 제대로 알아주지 못한다는 느낌을 받을 때는 참 서글프다. 내가 이런 역할을 하기에 팀이 굴러가고, 회사가 굴러가고, 사회도 굴러간다는 자부심이 못내 그립다.

정년이 뭐길래

"처음 입사해서는 내가 조직생활을 할 스타일이냐 아니냐가 보통 1년 사이에 결정되고, 그에 따라 이직 여부가 결정되죠. 2~3년 후에는 돈 때문에 직장을 바꿔요. 여기서는 급여가 5~10프로밖에 안 오르는데, 다른 곳으로 가는 순간 경력자로 한 단계 더 치고 올라가니까요. 그렇게 쭉 가다가 과장급 정도에서 내가 인정받을 수 있는, 자신 있는 업무 쪽으로 가려고 한 번 더 이직을 생각하게 되죠. 그다음에는 움직이는 것 자체가 힘들어요. 그때부터 불행이 싹트는 거죠."

Q 힘드셔도 한곳에서 오래 일하시는 거 보니… 그래도 일이 재미있으신가봐요?

A 그건, 입사 1~2년 때죠.

Q 그럼… 그래도 내가 잘하는 일이니까?

A 과장 달고 한 2~3년은 그럴 수 있어요.

Q 그럼, 지금은요?

A 뭐긴 뭐예요? 빚 갚아야 하니까 그렇죠.

법적으로 정년은 늘었지만, 하루가 멀다고 경제위기, 구조조정, 명예퇴직 관련 뉴스가 눈과 귀를 사로잡는다. 그것만도 무서운

데 인간의 수명은 점차 늘고, 노후 생활비도 더 많이 필요하다는 보도가 뒤를 따른다. 그중에 가장 무시무시한 것은 죽을 때까지 자녀들에게 돈을 대줘야 할지도 모른다는 이야기다.

직장인에게 수입은 딱 월급이다. 재테크로 수억 원을 벌었다거나 잘난 부모 덕에 떵떵거리며 산다는 사람들 이야기가 주위에 넘치지만, 아쉽게도 죄다 남 이야기일 뿐이다. 현실적인 최선은 오늘 하루 덜 쓰고, 월급을 한 번이라도 더 타는 것이다. 그러기에 오늘도 점심값과 커피값 푼돈을 계산하고, 정년에 목을 매는 처지가 된다.

하지만 오늘 하루 덜 쓰는 게 참 어렵다. 젊었을 때의 두툼했던, 기분 따라 호기롭게 지폐가 척척 나오던 지갑은 홀쭉해진지 오래다. 직급 따라 월급이 오르는데 상황은 갈수록 어려워진다. 바로 절묘하게 겹쳐서 찾아오는 '자녀 양육'과 '부모 부양' 때문이다. 관리직급은 자녀에게 돈이 가장 많이 들어갈 때다. 하루가 다르게 늙어가는 부모님도 본격적으로 돌봐야 한다. 월급은 올랐다지만 쓸 데도 많아졌다. 그러니 다른 주머니를 만들고 부풀릴 여력이 없다. 그나마 있던 주머니도 일이 생기면 언제든지 내놓아야 한다. 그러니 지금 직장에서 성과도 잘 내고 내부 영업도 잘해 월급 받는 기간을 최대한 늘리는 게 최선이다. 그것이 희망이라면 희망이다.

아무에게도 말할 수 없었던 진심

"직장인 입장에서는 내가 관둔다 할 때 딱 생각나는 게 '그럼 앞으로 어떻게 살지?' 라는 거예요. 지금까지 봉급 300만 원 가지고 살았는데, 이 벌이를 다른 데 가서 한다고? 그게 제일 걱정되죠. 직장 밖에서는 당장 희망이 보이질 않으니 불안한 거죠."

능력 있으면 언제든 다른 회사로 옮길 수 있지 않느냐고? 욕심을 좀 줄이고 정년이 보장되면서 조금 더 여유로운 곳으로 가면 되지 않느냐고? 세상에 이 회사만 있는 것도 아니니 다른 조직을 찾아가면 되지 않느냐고? 하지만 현실은 역시 만만치 않다.

바로 개인적인 능력을 떠나, 일단 관리직급이 되면 누구든 이직이 어렵다는 것이다.

"개인차도 물론 있겠지만, 사실 관리직인 팀장급 정도 되면 이직이 애매해져요. 차라리 더 높게 치고 올라가면 다양한 인맥을 활용해서 타 기업의 CEO로 갈 수도 있고, 아예 낮은 직급은 실무를 하니깐 이직이 잘돼요. 하지만 관리직쯤 되면, 외부에서 온 사람은 이사를 달아준다 해도 새 직장에 적응하기가 쉽지 않아요. 큰 조직일수록 내부 역학이 있기 때문에, 오너가 따로 '너는 내 일만 해' 라고 못 박으면서 별개 조직을 준 게 아니라면 애매하죠."

중년에 접어든 나이로 봤을 때, '여기서 나가면 뭐 하지?' 그게 문제가 되는 것이다. 과장급까지는 이직이 크게 어렵지 않지만, 부장급 정도 되면 운신의 폭이 확 줄어든다. 웬만해서는 움직이는 게 쉽지 않다. 무엇보다 회사에서 사람을 뽑을 때 특별한 경우 아니면 부장급을 뽑는 경우가 많지 않다. 부장급은 실무를 하는 자리가 아니기 때문에 이직한 회사에 적응하는 시간도 더 걸릴 가능성이 크다. 즉, 조직에 스며들기가 힘들고 굉장히 위험 부담이 크다는 뜻이다. 더욱이 내가 받고 있는 봉급과 직책을 다른 데 가서 그대로 받을 수 있다는 보장이 전혀 없기에 불안할 수밖에 없다.

이런 불안감에 휩싸이다가도 문득 다른 방향으로 생각이 틀어질 때도 있다. '그저 버틴다'는 우울한 마음으로 직장생활을 마무리하고 싶지 않다는 오기 말이다. 여기까지 왔으니 '제대로 된 임원' 한번 하고, 나도 빨대 한번 확실히 꽂아보고 싶은 것이다. 따지고 보면 나만큼 산전수전 다 겪어본 사람도 없는 것 같고, 나만큼 묵묵히 맡은 바 임무를 다해온 사람도 없는 것 같으니까!

괜히 일 커질까 봐 안 꺼내놓은 것뿐이지 큰 건이 될 만한 아이템도 몇 개 있는데…, 내 능력 좀 보여줘 봐? 한창 일하던 때처럼 다시 한 번 열정에 불을 붙인다면, 진정한 꿀 임원이 되는

　아무에게도 말할 수 없었던 진심

것도 불가능하지만은 않을걸. 내게도 충분한 능력이 있다는 것을 회사에 확 어필해?

두 명이 있다면 그중 더 나은 한 명이, 열 명이 있다면 그중 제일 나은 한 명이, 백 명이 있다면 그중 끝까지 살아남는 한 명이 되고 싶어 하는 마음은 누구나 똑같다. 이처럼 '나라고 끝까지 승진하지 못하라는 법이라도 있나?'라는 마음이 존재하니 결국 기회를 노려야 하고, 그러기 위해서는 시간을 벌어야 한다. 승진이라는 운이 바로 저 모퉁이를 돌고 있을지도 모르니까. 그게 맞다면 조금만 더 애쓰고 버티면 되는 것이니까.

"나도 당장 잘릴 수 있다는 생각이 머릿속 어디에는 있지만, 솔직히 말해서 그래도 나는 끝까지 갈 수 있다고 생각하지 이번 연말에 잘리겠구나 하는 생각은 안 들죠. 그래서 준비를 못 하는 거예요. 오히려 살아남기 위해 승진하기 위해 더 열심히 일하고 어떻게든지 더 좋은 실적을 낼 생각이 우선 들지, 내가 잘못될 걸 대비하는 건 정말 잘 안 돼요. 나도 언젠가는 회사에서 쫓겨날 거라고 생각은 하지만, 한편으로는 내심 자신만만한 거예요. 겉으로 막 드러내지는 않아도 주위에서도 그렇게 이야기해주고 하니까, 나는 그래도 어느 정도까지는 당연히 갈 거라고 생각하는 거죠."

중년의 관리직은 경제적인 이유, 현실적인 이유, 그리고 승진 욕심 때문에 정년에 목을 맬 수밖에 없다. 하지만 조금 더 깊게 들여다보면, 회사 밖 새로운 세상으로 나가기 전에 이것저것 준비할 시간이 필요하기 때문이기도 하다.

특히 현재의 중년 직장인은 정년 이후의 삶에 대해 이전 어느 때보다 불안한 세대다. 정년이 돼 회사를 떠난 후에도 여전히 돈을 벌어야 할 가능성이 크고, 천만다행으로 그렇지 않다 하더라도 뭔가는 하고 살아야 할 테니 말이다. 100세 시대라잖은가.

그러니 노후의 삶을 준비할 시간이 절실하다. 수십 년 동안 직장인으로 살아왔던 자신과 편안하게 이별하고, 출근할 필요 없는 기나긴 하루하루를 어떻게 꾸려갈지에 대해 이런저런 준비를 해볼 시간이 반드시 필요한 것이다. 준비는 해야 하는데, 퇴직한 선배들 말로는 갑자기 탁 놓게 되면 진짜로 허망하고 뭘 해야 할지 모르겠다고 하는데, 눈앞의 직장생활이 바쁘니 언제나 마음만 간절할 뿐이다.

물론 회사에서 온종일 업무를 하는 것은 아니지만, 가족과 관련한 일이나 동창회 같은 일 등 업무 외에도 신경을 보태야 하는 일들이 많다. 그런저런 일을 처리하다 보면 장기적인 삶을 위해 사색을 하고 이런저런 시행착오도 해볼 에너지를 따로 할당할 여유가 없이 시간은 항상 빠듯하다. 회사 내외에서 업무와 책임이 최고조에 이르는 시기에 당장 눈앞에 보이는 이곳이 아닌, 어디에 있게 될지 확신할 수 없는 미래에 살아갈 방도까지 챙겨야 한다는 것은 결코 쉬운 일이 아니다.

"노후가 걱정인 건 아는데, 노후를 잘 준비하는 사람이 있을까요? 없지 않나? 그냥 말로만 걱정하는 거죠. TV 뉴스 보면 걱정이 되지만, 실제로 할 수 있는 것은 없잖아요. 돈은 교육비로 다 들어가고, 시간은 회사에 다 들어가는데. 대부분 그럴걸요? 걱정이라고 말만 하지, 대비해서 액션을 하는 사람은 별로 없을 거예요."

노후 준비에 대한 이런저런 책들도 읽고, 방송 프로그램도 보고, 퇴임한 선배에게 직접 이야기도 듣지만…, 결국 마음처럼 안 되니 일단 준비할 시간이 필요하다. 갑자기 밖으로 내몰려서 허둥지둥하는 게 아니라 익숙하고 안전한 곳, 바로 회사 안에서 차분히 말이다.

"어떤 선배는 36년 동안 일하고 은퇴해서, 이제 가족들하고 지내야지 하셨대요. 그래서 애들한테 한 달에 한두 번 같이 연주회 가고, 일주일에 한 번씩 밥 같이 먹자고 했대요. 그런데 2주째 되니까 아들이 일이 있다고 하고, 한 달 되니까 딸이 오늘 안 되겠다고 하고, 딱 석 달 지나니까 배우자가 '당신 좀 혼자 하면 안 돼?' 라고 하더래요. 자기는 이제야 가족들에게 베푼다고 생각했는데 아니었던 거죠. 가만히 생각해보니, 거창하게 오대양 육대주로 출장 다녔지만 결국 모든 게 조직이 짜준 시간표 안에서 살았다는 거예요. 주간계획, 월간계획, 단기 · 분기 · 연간계획으로 쳇바퀴 돌았던 거죠. 그러니 이제는 혼자 뭘 해야 할지 모르겠더래요. 그런데 배우자는 30년 동안 자기 계획대로 집안 대소사, 애들 교육, 취미생활 등 자신이 판단하고 결정하고 집행한 사람이잖아요. 배우자도 그동안 만들어놓은 일상이 있는데, 한두 번은 참았지만 짜증이 나는 거죠. 세끼 밥 차려주는 걸 불편해하는 기색이라서 '알아서 먹을게' 라고 말했는데 혼자 먹자니 정말 어색하더래요. 그래서 후배들한테 퇴직할 때 되면 한 달 동안 혼자 밥 먹으라고, 그것부터 해봐야 한다고 그러세요. 회사는 언젠가 나와야 하니 그런 마음의 준비를 해야 한다고, 아무리 준비해도 힘들긴 하지만 그래도 해야 한다고. 배신감, 혼자 동떨어진 느낌, 가족에게 왕따당하는 기분에 우울증 걸린다고. 실화예요. 회사에서 아무리 교육시켜도 막상 나오면 다들 부대낀대요."

아무에게도 말할 수 없었던 진심

'그동안 열심히 직장생활 했으니 이제 쉬어도 되지 않을까?' 라는 생각을 가로막는 또 하나의 방해꾼이 있다. 바로 '수명'이다. 1900년대 인간의 평균 수명은 49세였다. 지금 같으면 죽을 때까지 일할 수 있었던 것이다. 정년 전에 거의 죽으니까. 그러나 2015년 OECD에서 발표한 대한민국의 기대수명은 85.5세다. 호모 헌드레드Homo Hundred 시대, 100세 시대라는 말이 근거 없이 생겨난 게 아니다. 그 결과 청년기도 노년기도 아닌, '가운데 세대'로 보내야 하는 기간이 엄청나게 늘어났다. 55세 이상을 '고령자'로 표현하지 않고 '장년'으로 표현하는 법까지 의결됐을 정도다. 정년퇴직을 해도 진정한 의미의 '어르신'이 되기까지 '장년기'라는 한 스테이지가 더 생긴 것이다.

그러나 여기서 희망적인 뉴스 하나! 미국의 경우, 1993년 이후 계속 증가하던 기대 수명이 2016년에 다소 감소했다고 한다. 의료기술의 발전과 신약 개발이 놀라운 속도로 이루어지고 있지만 다른 한편으로는 심장병, 뇌졸중, 당뇨병, 약물 남용 및 각종 사고로 인해 사망자가 증가했기 때문이다. 대기오염과 같은 새로운 복병이 기대 수명을 줄일 수 있다고 경고하는 연구 결과들도 있다.

잘만 하면 100세까지 안 살아도 될지 모른다. 희망적이다. 장수하지 않을지도 모른다는 게 희망이라니 씁쓸하기도 하지만,

일단은 그게 낫다 싶을 때도 있다. 그게 현실이다.

퇴사, 자유보다 공포

직장인에게 직장이란 무엇일까? 일용할 양식을 제공해주고, 여전히 월급을 받을 만한 가치 있는 존재임을 확실하게 증명해주고, 또한 조바심을 덜 내면서 노후를 준비할 수 있도록 해주는 곳 아닐까?

돈 들어갈 일이 가장 많은 시기이면서 다른 곳으로 이직하기는 쉽지 않은 타이밍의, 노후에 대한 준비도 더는 미룰 수 없는 중년의 직장인들에게 직장은 어찌 됐든 가장 의지가 되는 곳이다. 딱 중심 잡고 버티고 있어야 할 곳이다.

누군가는 기득권을 포기하지 못하는 것이라고, 단지 용기가 없는 것뿐이라고 비난할 수도 있다. 그러나 수십 년을 조직이라는 틀에 최대한 맞춰 살아왔는데, 갑자기 다른 삶을 살라고 하는 것은 허망한 조언일 수밖에 없다.

정신과적 질병 중에 외상후스트레스장애Post-Traumatic Stress Disorder가 있다. 흔히 PTSD라고 하는 것 말이다. 죽음의 위협이 느껴질 정도의 충격적 사건을 경험하고 난 후 그에 따른 정서적·인지적·대인관계적 손상이 지속되어, 원래의 자기 자신으로 돌아가기 힘든 장애를 말한다. 주로 끔찍한 사고나 범죄의 생존자들에게서 나타나는데, 미국에서는 이라크 전쟁에서 돌아온 군인들과 9·11 테러의 생존자와 희생자 가족들을 대상으로 많은 연구와 치료가 이루어졌다.

그런데 최근 일부 심리학자들은 충격적 사건을 경험하지 않았는데도, PTSD와 거의 유사한 증상을 보이는 현상에 주목하기 시작했다. 즉, 외상전스트레스장애pTSD, Pre-Traumatic Stress Disorder다. 앞으로 닥칠 수도 있는 실패나 재난, 죽음 등에 압도돼 그런 일을 실제로 겪은 사람과 같은 고통을 경험하는 것이다.

오늘날 우리 같은 직장인에게, 퇴사가 이런 외상전스트레스장애를 촉발한다고 한다. 최악의 상황과 그에 따른 파국적인 결과들을 떠올리게 하고, 그것을 결코 감당할 수 없으리라는 두려움에 떨게 하고, 그래서 몸의 근육들을 긴장시키고 신경들을 곤두서게 하여, 결국은 지금 당장 내 눈앞에 있는 일이나 사람들과의 관계에 집중하지 못하게 하는 것이다. 퇴사라는 단어만 떠올라도 이러한 모든 증상이 한꺼번에 들이닥쳐, 나 자신을 얼어붙게 만들어버리는 것이다. 몸도 마음도 꼼짝 못 하게 말이다.

물론 퇴사에 대해 너무 부정적으로만 생각하는 것 아니냐고

반론할 수도 있다. 퇴사를 앞둔 사람들이 전부 그런 증상을 겪는 것은 아니라고, 오히려 제2의 인생이라는 긍정적인 생각을 가진 직장인들도 있다고 말이다.

그러나 분명한 것은 인생의 전부는 아니었더라도 가족보다 더 많은 시간을 함께했던 동료들, 그리고 그 시간 동안 노력해 이뤄냈던 업무들과 하루아침에 결별한다는 것은 큰 정신적 충격일 수밖에 없다. 서로 도우며 운명 공동체라 느꼈던 회사에 어느 날 발길을 뚝 끊어야 한다는 것은 정말 힘든 일이다. 이별이니까 말이다.

아무에게도 말할 수 없었던 진심

나의 시간과 노력이 배어 있는 업무들, 사람들, 그리고 회사.
어느 정도의 운명 공동체라 느꼈던 곳.
이곳을 하루아침에 끊어야 하는 것은 정말 힘든 일이다.
이별이니까.

소속감이
회복되는 순간

무엇이 중년의 관리직급 직장인을 힘들게 하는지에 대한 것만큼, 언제 뿌듯함을 느끼는지에 대한 이야기를 들어보는 것도 중요하다. 그들의 직장 내 정신건강을 좌우하는 핵심 요인을 찾고, 보물 같은 노하우들을 발굴해내는 데도 빼놓을 수 없는 일이다.

힘들게 하던 순간들에 대한 이야기가 그랬듯이, 뿌듯함을 느끼는 순간들 역시 각양각색의 이야기 안에서 공통점을 찾아낼 수 있었다. '그거야 당연히 뿌듯하겠지'라며 듣는 것이 아니라, '왜 뿌듯한지' 하나하나 세심히 헤아리면서 말이다.

'어느 정도의 결정권'이 갖는 의미

관리직급이 되면 공통으로 느끼는 보람이 있다. 하루하루는 특별히 더 나아지는 것 같지 않더라도 1년 전을 돌아보면, 3년 전을 떠올려보면, 그리고 처음 직장생활을 시작하던 때를 기억해 보면 그동안 수많은 경험을 쌓아왔구나 싶어진다. 직장생활 동안의 다양한 경험이 쌓이며 정보력과 통찰력을 기를 수 있게 되었고, 이런 능력으로 이제 '어느 정도의 결정권'을 가질 수 있는 역할을 맡은 것이다.

물론 여전히 최종 결정은 못 하지만, 관리직급이 되면 프로젝트가 결정되기까지의 영향력이 70~80퍼센트는 된다. 그러니 회사에서 분명히 허리 위치에 있다는, 실질적으로 회사 전체를 아우른다는 자부심이 생기는 것이다.

"이 일은 내 사업이다, 이런 생각을 하게 되죠. 위를 설득해서 결재가 나면, 팀 구성하고 때로 외부 사람을 고용하기도 해서 추진을 하니까요. 분명히 예전보다 주체적으로 할 수 있는 일이 많아져요. 그런 권한이 생기는 것은 괜찮죠."

이런 주체적인 힘은 그 자체만으로도 뿌듯함을 안겨준다. 일이 지금까지 어떻게 굴러왔는지, 지금은 왜 이렇게 굴러가는지, 앞으로는 어떻게 굴러갈지, 일에 대한 맥락을 파악하고 조정할 수 있다는 자신감이 주는 뿌듯함이다.

그리고 이제는 내가 누군가를 지휘하고 통솔할 수 있다는, 즉 영향력을 미칠 수 있다는 권위가 주는 뿌듯함도 있다. 심지어 이런 권위를 갖는 것이 직장생활의 최종 목적이었던 것처럼 생각될 때도 있다. 임원까지, CEO까지를 외치며 달려 결국 그 자리를 차지하는 사람이 승리자(생존자가 아닌)인 것처럼 보이기도 하니까.

하지만 왜 이런 권위가 뿌듯함을 주는지, 딱딱하게 굳어 있던 어깨를 쫙 펴지게 하는지를 곰곰이 생각해보면 권위가 주는 진짜 무언가가 발견된다.

회사는 사람을 필요로 하지만, 동시에 사람이 없어도 굴러가도록 시스템화하는 것이 목표이기도 하다. 어찌 보면 그동안 우리는 '너는 언제든지 대체 가능한 부속품에 불과하다'라는 회사의 암시를 이겨내기 위해 부단히 애써왔던 것일 수 있다. 확대하자면, 그런 암시를 극복했다는 성취감일지도 모른다. '나나 너나 별수 없다'라는 예상을 뒤엎은, 찰나가 주는 짜릿함 말이다! 처음에는 일개 부속품이었지만, 존재감이 커져 이제는 회사를 지탱하는 하나의 기둥이 된 느낌. 내가 없으면 회사의 어느 한

부분은 분명 흔들릴 거라는, 그래서 '나는 반드시 필요한 존재'라는 것이 실감될 때 뿌듯함이 관리직급의 어깨를 펴게 만든다.

"나도 리더로서 이 조직 내에서 어떤 역할을 분명히 하고 있다는 느낌이죠."

"내가 오늘 나가면 회사는 무조건 손해라는 자신감. 나는 비굴한 사람이 아닌 거예요."

승진은 훈장, 월급은 증거

경험과 정보력, 통찰력, 결정권, 권위를 가졌다고 느껴지는 순간들은 관리직에게 뿌듯한 기분을 준다. 그러나 안타깝게도 기분이라는 것은 원래 오래 지속되지 않는다. 스스로 나의 결정권에 대해 굳게 믿고 있어도, 주변 사람들이 맞장구쳐주지 않으면 재미는 확실히 줄어든다. 그 때문에 어느새 하나의 부속품으로 되돌아간 기분을 느낄 수도 있다.

그럴 때 나의 존재감에 확실한 증거를 제공하는 것이 있다. 바로 승진과 월급이다.

"직장인이 봉급과 때에 걸맞은 승진 아니면 뭘로 보상받겠냐?"

-웹툰 〈미생〉, 68수

요즘 같은 때는 승진이 마냥 좋지만도 않다지만, 승진이 곧 가까이 다가온 퇴사의 다른 뜻이라지만, 그래도 직장인에게 승진은 분명 큰 의미다. 아무리 많은 성과를 내고 스스로 자부심을 가져도, 승진이 뒤따르지 않는다면 '내가 뭔가 밉보였나?' 라는 걱정부터 드는 게 사실이다. 그러니 승진 명단에 내 이름이 있으면 아무리 자중하려고 해도 입꼬리가 절로 실룩거리게 된다. 승진이야말로 지금까지의 내 성과를 모두가 인정할 수 있도록 공표해주는 것이기 때문이다.

즉, 승진은 지금까지의 직장생활에 대한 훈장이라는 의미가 강하다. 오너에게는 '성과 자체'가 보상이 되겠지만, 직장인에게는 '성과에 대한 인정'이 무엇보다 중요하다. 특히 관리직에게는 '나의 기여에 대한 인정'이 무엇보다도 중요하다. 팀원들 갈군 덕에 월급 받는 존재라고 여겨지는 게 아닐까 하는 순간에, '역시 이 일 저 일 다 내가 없었으면 하나도 안 이루어졌어!' 라는 것을 공식적으로 확인시켜주니까 말이다. 그동안 큰소리 한 번 치고 싶은데도 꾹꾹 참고 있었다면, 승진만큼 속 시원한 한 방이 어디 있겠는가?

그리고 승진할수록 앞으로 이 회사의 정보를 내가 더 알아도 된다는 것, 인사를 결정할 만한 사람이라는 것도 인정받는 것이니 단순히 허울뿐인 훈장이 아니다. 회사가 더 큰 일을 부탁하면서 주는 증표다.

월급도 마찬가지다. 그만큼의 돈을 지불해도 좋은 인물임을 회사로부터 인정받는 것이기 때문이다. 누군가가 "당신, 회사에서 대체 뭘 하고 있나?"라고 따지고 든다면, 그들에게 오묘하고도 복잡한 관리직급의 일을 일일이 나열할 필요 없이 내 월급봉투를 보여주면 된다. 회사에서 나에게 이만큼을 주고 있다는 것은, 그 이상의 가치를 내가 만들어낸다는 얘기 아니냐고 하면서 말이다.

돈이라는 것은 객관적인 가치 측정 도구다. 즉, 내가 지금 회사에서 얼마만큼의 가치를 창출하는가를 정확하게 가늠케 하는 수치라는 뜻이다. 그러니 어떤 칭찬이나 격려보다 확실한 인정의 증거가 된다. 그래서 월급이라는 명확한 수치로 나에 대한 인정을 확인하고 싶은 것이다.

"직장인의 최고 관심은 연봉 몇 프로 오를까 그거예요. 사장님이 불러다가 '어이 최 상무, 당신은 내 사람이야. 내가 잘 해줄게 열심히 해요'라고 하면, 직장인은 대번에 '봉급 올려주나?'

부터 생각하지. 봉급 안 올려주면 내 사람이라는 게 무슨 의미가 있냐고. 연봉 10프로 올려주는 거랑 5프로 올려주는 거랑 차원이 다른데."

일을 하는 외적 동기는 단연코 돈이다. 누가 뭐라 해도 매일 출근케 하는 강력한 힘은 돈에서 나온다. 이에 비해 내적 동기는 돈 이외에 내가 일을 하는 이유다. 그리고 학자마다 다양한 내적 동기를 설명하며 그 중요성을 강조한다. 그런데 종종 외적 동기(돈)를 위해 일하는 사람은 불행한 사람이고, 내적 동기(성취감, 유능감, 소명의식 등)를 위해 일하는 사람이 행복한 사람으로 그려지는 경우가 있다. 외적 동기를 위해서 일하는 사람은 내적 동기가 애초부터 없거나, 점차 없어진다는 식으로 이해되기도 한다.

그런데 진짜 그런가? 당신은 자신의 내적 동기가 정확히 무엇인지, 그리고 그것이 지금 직장에서 잘 실현되고 있는지 잘 가늠이 되는가? 일을 하면서 얼마나 성취감을 느끼는지, 즐거운지, 유능감을 느끼는지 매번 확인이 되는가? 물론 잘되면 좋지만, 자칫하면 자기 합리화("이 일은 의미 있으니까 어떤 희생도 감수해야 해!")나 자기 암시("나는 이 일을 좋아한다, 좋아한다, 좋아한다!")와 헷갈릴 수도 있다.

그래서 어쩔 때는 내 느낌보다는 오히려 제3자가 "너, 그 일하더니 즐거워 보인다. 엄청 뿌듯해하는 것 같아!"라고 말해주는 게 더 정확한 평가일 수도 있다. 같은 의미에서 돈 역시 내가 지금 내적 동기에 의해 일하고 있으며, 그래서 이만큼의 성과를 내고 있다는 또 하나의 증거가 될 수도 있다. '내가 여기서 이 정도 받는 것 보니 내가 잘하긴 잘하고 있나 보다' 하는 거다.

"성과급이 생각보다 낮을 때가 있었어요. 그때 일을 못한 게 전혀 아니었는데, 멘붕이 오더라고요. 내 성과를 객관적으로 평가한 게 맞나 싶어서 말이죠. 그게 정말 힘들었어요."

월급을 단순히 외적 동기로만 국한하는 것은 옳지 않다. 월급이 오른다는 것은 내적 동기 역시 잘 성취되고 있다는 증표일 수 있다는 뜻이다. 월급 조금 더 받는 것이 그 돈으로 무언가를 더 할 수 있어서 기쁜 것만이 아니라 내가 그만큼 잘하고 있다는, 즉 나의 가치감에 대한 증거가 되니 좋은 것이다.

밑에서 인정한다는 뿌듯함

승진과 월급이 위로부터 오는 인정의 표시라면, 아래로부터 올라오는 인정도 있다. 이것은 보다 형이상학적인데, 팀원들이 속내를 내비치며 고민 상담을 하는 등 내게 의지하는 느낌을 주거나 내가 애쓴 덕에 팀원들의 고민이 덜어지고 업무 능력이 올라가고 내가 팀원들을 보호해주었다는 느낌을 받을 때 그렇다. 관리직급에게 뿌듯함을 주는 또 다른 순간들이다.

"클라이언트 스트레스를 못 견뎌서 우수한 친구들이 그만두기도 하는데, 사실 그런 스트레스는 위에 있는 사람들이 받는 게 맞아요. 그게 관리직 역할이고요. 저 같은 관리직급이 그걸 해주라고 있는 거거든요. 실제로 욕먹는 자리에는 저나 상무님이 가고 밑에 애들은 안 데리고 가요. 불합리하고 무리한 것으로 스트레스를 받게 되는 자리에는 저희만 가죠. (팀원들이 이런 부분을 아나요?) 애들도 그걸 알아요. 본인도 올라가면 해야 된다는 것도 알고."

스승의 날이나 어버이날처럼 '직장 상사의 날'이란 게 있어서 겉으로 드러나게 감사의 표현을 받는 것은 아니지만, 틈틈이 느껴지는 팀원들의 인정은 직장생활의 또 다른 활력소다. 위뿐만 아니라 아래로도 무언가가 있다는 것, 밑의 친구들이 나를 받쳐주고 있고 그들과 내가 연결되어 있다는 느낌은 직장생활에 든든한 버팀목이 된다.

직장생활 중에 관리직급이 뿌듯함을 느끼는 순간들은 결국 하나의 단어로 수렴된다. 업무에 대한 통찰력을 쌓아 어느 정도의 결정권을 갖게 되고, 위에서부터는 승진과 월급이라는 반박할 수 없는 보상을 받고, 아래로부터도 나의 역할에 대해 인정을 받는 순간들…, 그런 순간들의 공통점은 바로 '소속감이 회복'된다는 것이다.

회사 안에서 내가 분명한 가치를 가진 사람으로 존재하며, 위아래와 유기적으로 연결되어 있다는 느낌이 단기적인 성과나 사내 영업에, 그리고 밑도 끝도 없는 퇴사 압박에 휩쓸리지 않도록 하는 것 아닐까?

"소속감이죠. 단순한 월급쟁이만은 아니라는 것. 이 회사 안에서 서로 같이 발전해간다는 느낌을 갖는 거죠."

관리직에 오르고 다양한 업무를 맡고 여러 사람과 연결되면서, 이전보다 더 넓은 시야를 확보하기 위해 기존의 친숙했던 업무나 직원들과 거리감이 생기는 것은 어쩔 수 없다. 어느새 업무와도, 회사와도, 팀원들과도 조금은 멀어졌다는 느낌이 드는 것이다.

하지만 줄이 많아지고 길어진 것일 뿐, 줄 자체는 여전히 단단하고 튼튼하다는 것을 실감할 때 강한 소속감을 느끼게 된다. 결국 여러 줄이 나를 매개로 연결되어 있기에 내가 쉽게 놓아서는 안 된다는 것, 이 줄을 단단히 잡고 있는 것은 나라는 것, 그것을 체감하는 순간들이 잦아질 때 관리직급은 다시금 회사 안에서 뿌듯함을 느끼게 된다.

한마디로 "무슨 소리세요? 회사에 오래오래 있어 주셔야죠!"라는 말을 들을 때, 관리직급은 참 행복해진다.

아무에게도 말할 수 없었던 진심

내가 버틸 수 있었던
이유

스스로 인식하지 못하거나 정립되지 않아서 그렇지, 직장인이라면 누구나 나름대로 '비장의 무기'를 가지고 있다. 이런저런 함정에 빠지지 않고 직장생활을 지켜오며 지금의 자리를 마련해준 노하우들 말이다.

물론 바쁜 일정과 여유 없는 마음 가운데 틈틈이 쌓아온 것들이기에, 언뜻 아주 사소해 보일 수도 있다. 왠지 너무 빤한 것 같아 "이게 내 직장생활 노하우다!"라고 드러내 말하길 주저하는 사람도 여럿이었다. 뭔가 거창하고 그럴듯한 게 있을 것 같아 훌륭한 사람들의 강연을 듣거나 심리학 연구에 근거한 책을 찾아 읽는다는 사람도 있었다. 하지만 그런 '정답'들은 알면 알수록 허무한 느낌을 주는 경우가 많다. 진짜 자기 자신을 찾고, 자신이 정말 원하는 일에 도전하고, 진정한 휴식을 즐기라는 조언들이 나의 현실과 들어맞지 않는다면 답답함만 가중될 수 있기 때문이다. '정답'은 명확하지만, 나는 지금 당장 정답대로 할 수 없는 수많은 이유를 가졌기 때문이다.

몇몇 뛰어난 직장인이 "나는 옛날에 이렇게 어려웠는데(파도), 지금 이 자리에 올라섰다(육지). 왜냐하면 나는 주체적으로 무엇무엇을 이루려 노력했기 때문이다(선장)"라고 말하는 것이 아닌, 여전히 배 위에서 한창 파도를 타고 있는, 지금 이순간에도 욕 나오도록 부대끼고 있는 이들이 다양한 시행착오 끝에 아직도 두 손에 쥐고 활용하고 있는 '무기'들을 알아보면 어떨까 싶다. 각자의 무기들을 나도 한번 써보고 말이다. 책을 읽는 바로 지금 여기에서(Here & Now Project)!

이처럼 관리직급이 풀어낸 다양한 현실 이야기에서 보물찾기하듯 건져낸 노하우들을 정리해보니 크게 세 가지를 발견할 수 있었다. 자신의 현재 역할을 조망함으로써 스스로 자부심을 갖는 것, 잘 일하기 위해 잘 쉬는 것, 그리고 외면하고 싶은 마음은 굴뚝같지만 그래도 용기 내어 퇴사와 은퇴에 직면해보는 것이었다.

월급값 이상 기여해왔다는 자부심

직장생활 꿋꿋이 잘 하려면 자신이 회사에서 가치를 창출하는 사람이라는 믿음을 가져야 한다. 오기로라도, 내가 오늘 퇴사하면 회사는 무조건 손해라는 자존감이 필요하다. 내가 회사에 충분히 돈을 벌어준다는 자긍심을 가지는 것이다.

꼭 거창한 것일 필요도 없다. 아주 사소하더라도 이 자리의 나를 있게 한, 다른 사람들과 구분되는 무언가가 반드시 있기 마련이다. 인간이란 참으로 예민해서, 내가 이런 마음가짐을 가지면 다른 이들도 곧바로 알아본다.

"집에서는 제가 종일 전표만 끊는 사람인 줄 알아요. 그래서 어느 날 아내한테 성과 낸 거 보여주면서 '전표만 끊는 사람이 이렇게 돈 버냐? 나는 월급보다 회사에 더 벌어다 줘!' 라고 이야기했죠. 실제로 그렇잖아요."

지난날을 돌이켜보면, 내가 그래도 회사에서 참 많은 일들을 겪어왔구나 싶어진다. 개인에 따라 생각보다 꽤 평탄했을 수도 파란만장했을 수도 있지만, 순간순간 노력과 인내, 강점과 기지를 발휘해 지금 이곳까지 왔다는 것만큼은 분명하다. 그리고 그런 여러 모습이 지금도 분명 내 안에 있다.

"소프트웨어에 문제가 발생했을 때, 팀원들이 해결책을 못 내놓는데 내가 딱 10분 만에 해결했죠. 다른 사람이 생각하지 못한 방향으로 해서요. 그럴 때 자기 존중감이랄까, 살아가는 가치 같은 것을 느끼게 되더라고요."

"2007년인가? 해외 본사에서 한국에서는 어떻게 비즈니스를 하는지, 어떤 활동을 하고 있는지와 관련해 저한테 주제를 정해서 발표하라고 딱 던져줬어요. 그래서 저 스스로 주제 정하고 준비했어요. 한 30분 정도 분량인데 한 달 반인가 준비 엄청 했죠. 그렇게 어려운 임무는 아니었어도 하나씩 해가면서 열심히 준비하고 연습했는데, 그게 가장 생각나네요."

회사가 바보가 아닌 이상 절대 그냥 월급 주지 않는다. 그러니 나는 충분히 월급값을 하고 있는, 정글 같은 직장에서 나만의 노하우로 살아남은 사람이다.

직장 인생 그래프

직장생활에 초점을 맞춰 인생 그래프를 그려보자. 오르락내리락했던 직장생활을 떠올려보고, 그때마다 내가 어떻게 해서 지금 이 자리까지 왔는지 알아보는 것이다. 그리 새롭지도, 효과적이지도 않게 보일 수 있지만 무언가를 조망하는 데는 꽤 효율적인 작업이다. '이제부터 어떻게 해야 할까?' 라는 고민에 조바심이 날 때, 잠깐 멈추고 지나온 길을 되짚어보는 것은 분명 큰 의미가 있다. 내 안에 있는 힘을 찾아야 앞으로 나아갈 수 있기 때문이다.

1. 종이 중앙에 가로로 줄을 긋고, 가장 왼쪽에 직장생활을 시작한 연도를 적고, 가장 오른쪽에 지금 연도를 쓰자.
2. 직장이나 부서를 옮긴 때, 직급이나 직책을 맡은 연도를 줄에 적어보자.
3. 그 외에 중요한 사건이 있었다면, 당시의 연도도 체크하고 무슨 일이었는지 간략히 적어보자.
4. 좋았던 시간은 위쪽으로, 힘들었던 시간은 아래쪽으로 해서 하나의 연결된 선으로 전체 그래프를 그려보자.
5. 가장 높게 올라간 시점에 내가 어떤 장점을 발휘했었는지, 반대로 가장 힘들었을 때 내가 어떤 힘으로 극복했는지를 생각해보고 간략히 적어보자.

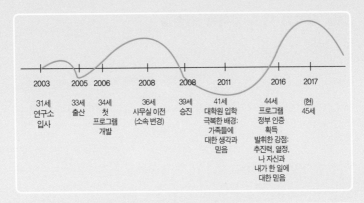

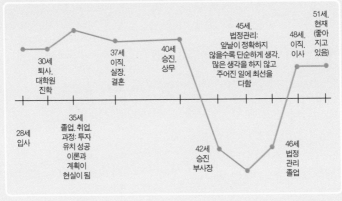

종이에 적는 것도 그래프로 그리는 것도 부담스럽다면, 핸드폰 메모
장이나 문자메시지, SNS 화면을 열어 적어볼 수도 있다. 직장생활 전
체를 떠올렸을 때 기억나는 주요 시기를 적고, 그때 나의 어떤 강점이
어떻게 발휘되었는지 메모하는 것이다.

지금 당장 전체를 정리할 필요는 없다. 일단 떠오르는 것을 한두 단어
라도 적고, 오늘 밤 잠들기 전 또는 길을 가다 문득 떠오르는 게 있다
면 언제든지 추가하면 된다.

그걸 하라고 내가 있다는 자존감

지금 이 순간의 나에게 초점을 맞춰 조망해보는 것도 필요하다. 이런저런 경험을 거쳐 관리직이 된 내가 지금 어떤 역할을 하고 있는지 말이다.

신입사원 때와 달리 지금 내가 창출하고 있는 가치는 무엇인지를 정리해보는 것은, 지금 내가 맡은 역할을 더 잘 이해하고 받아들이도록 해준다. 그러면 나 스스로 관리직이 된 지금의 나에 대해 자부심을 가질 수 있다. 관리직급이란 이러이러한 것이고, 그렇기 때문에 지금 내가 이런 일을 하고 있다는 것을 스스로 명확히 조망해보는 것이다.

"팀원들이 잘할 때는 제가 할 일이 없죠. 그런데 사고가 터지면 '너희한테 완벽하게 일 시키려고 내가 여기에 있는 것이 아니다. 너희가 잘못하는 게 있을 때, 그걸 해결하라고 내가 있는 거다' 그렇게 말해줘요."

"제 역할이요? 제가 느끼는 소속감을 밑에 있는 사람들이 같이 가지게끔 하는 거죠."

신입사원일 때는 주어진 일을 깔끔하게 잘 마무리하는 것, 오늘 상사에게 혼날 일 없게 하는 것, 주위 사람들과 잘 지내는 것이 중요했다.

하지만 관리직이 된 지금은 저마다의 이해관계가 실타래처럼 뒤엉켜 있는 사람들, 오랜 기간 모니터링해야 하는 일들에 대한 생각이 나의 뇌를 차지하고 있다.

현재 모습을 하나하나 짚어보면, 신입사원 때는 관리직을 놀고먹는 자리로 여겼지만 내가 막상 되어보니 그게 전혀 아니다. 따라서 나 자신부터 스스로의 가치를 알아주어야 하지 않을까? 위도 아래도 내 입장을 몰라주는 것 같은 억울한 마음이 드는 상황에서도 정신건강을 잘 지켜내려면, 나의 역할과 지금 내가 하는 일에 대해 '나 자신이 먼저' 알아주어야 한다.

내 머릿속 탐험하기

회사에 있을 때 내 머릿속은 어떤 모습일까? 어떤 생각들이 크고 중요한 위치를 차지하는지, 아주 작게나마 버리지 못하는 생각은 무엇인지, 신입사원 때와 지금을 비교하면서 떠올려보면 지금의 나를 바라보는 시선이 더 명확해질 수 있다.

정말 어색하고 잘 떠오르지 않을 수도 있다. 이럴 때는 예시를 보는 것이 가장 좋다. 여러 예시를 보면서 고개가 끄덕여지는 것을 벤치마킹해보자. 반대로, 아니다 싶은 것은 과감히 배제하자.

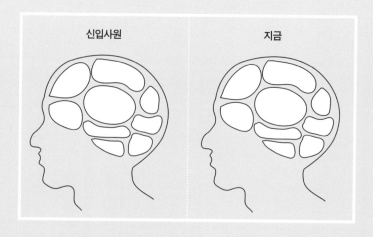

예시 1

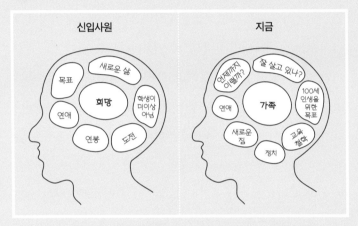

예시 2

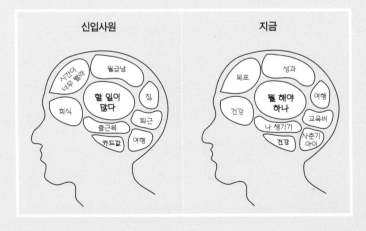

잘 일하기 위해서 잘 쉰다

"나름대로 회사 밖에서 할 수 있는 것을 하려고 해요. 제가 보니까 평일 내내 일하고, 토요일에 상사하고 골프 치고, 일요일에 거래처 사람들이랑 골프 치는 분들은 오로지 일에만 매몰돼 있어서 그런지 어느 순간이 되면 공격적으로 변하더라고요. 사실 저도 휴일이면 일하지 말고 딴생각 좀 하려고 해도 문자 온 것은 없는지 메일 온 것은 없는지 업무 생각만 하게 되는데…. 정말 스스로 벗어나기가 너무 어려워요. 그래서 일주일에 하루라도 아예 장소를 옮겨서 딴생각을 하려고 하는 거예요. 교회 같은 전혀 다른 곳에 가면 그제야 뭔가 다르게 생각되거든요. 그게 회사에 돌아와 다시 일을 하는 데에도 진짜 필요해요. 그런 게 없으면 정말 힘들어요."

관리직으로서 내가 쉬어야 한다는 것은 회사 일을 팽개치고 정신건강만 챙기자는 목적이 아니다. 나도 처음에는 성과를 내려면 쉬면 안 되는 줄 알았고, 심지어 쉬고 싶을 때조차 맘껏 쉬어지지도 않았다. 하지만 어느 정도의 경험과 연륜이 쌓이고 나니, 휴식의 중요함을 절실히 깨닫게 됐다. 그래서 저녁에는 골치 아픈 사람 절대 안 만나고, 스트레스 주는 상사 절대 안 만나기로 했다. 심지어는 상사가 없는 동네로 일부러 이사까지 하는 사람도 있다더라. 쉽지는 않지만, 저녁에는 최대한 회사와 관련 없는 사람들 만나서 회사 이외의 일에 몰입하려 한다. 많은 심리학 연구에서 그렇게 강조했던 것을, 심리학 연구에 관심을 줄 틈도 없던 내가 온몸으로 체험하고 있는 것이다.

"출근할 때 라디오에 집중하는 30분, 월요일 출근해서 1시간, 식사 후 30분, 이 시간에는 급한 거 아니면 나한테 보고하지 말라고 공표했어요. 그 시간에 뭐 하냐고요? 그냥 멍 때려요. 누구한테도 방해받지 않는 시간을 가지고 있다는 것 자체가 규칙적이고 건강한 삶을 살아가고 있다는 느낌을 줘요."

말처럼 쉬진 않지만, 업무와 완전히 구분되는 시간을 갖는 것은 무척 중요하다. 독일 만하임대학교의 소넨탁Sabine Sonnentag 교수는 직장에서 스트레스가 높을수록 심리적 분리psychological detachment가 안 되고, 그것이 결국 번아웃을 초래한다고 했다. 따라서 직장에서의 스트레스가 높을수록 직장과 분리가 잘 되게 노력해야 한다는 것이다. 하지만 소넨탁 교수도 이를 실행하기가 얼마나 어려운지를 알고 있었으리라. 그러기에 다양한 팁을 제시하고, 무엇보다 신체적 경계를 구분하고 지키는 게 중요하다고 강조하지 않았겠는가.

그의 제안에 따르면, 일단 물리적으로 직장에서 벗어나는 시간을 확보해야 한다. 그리고 평일 오후 8시가 넘으면 회사 이메일을 점검하지 말고(물론 보내지도 말아야 한다), 업무 외 시간에는 업무와 관련 없는 사람만 만나는 등 보다 적극적으로 회사와 나를 분리해야 한다. 마찬가지로 그는 업무 시간에 지켜야 할 경계도 강조했다. 일할 때는 개인적인 전화를 받지 않는 등 사적인 일은 가능한 한 처리하지 말아야 한다는 것이다. 업무 시간에 이를 잘 지켜냈다고 느껴야, 나머지 시간을 개인적으로 활용하는 데 당당함이 생기기 때문이다. 또한 업무 외의 목표를 가지는 것도 중요하다. 업무 외의 목표를 가질 때 직무에 대한 목표도 보다 적극적이고 자발적으로 가질 수 있기 때문이다. 회사 입장에서도 진짜 성과를 잘 내는 직원일수록, 더 쉬게 해야 한다. 중요할 때 또 써먹으려면, 진짜 오래 써먹으려면 말이다.

사람마다 여러 방법으로 업무와 자신을 분리한다. 그저 방해받지 않는 시간을 일정하게 확보하는 것(멍 때리기)일 수도 있고, 업무 생각이 나지 않는 곳에 가서 그곳 활동에 푹 빠지거나 업무와 무관한 사람들을 만나 취미생활을 한다는 이들도 많다.

"저는 좋아하는 영화를 혼자 봐요. 두 번 보기도 하고 세 번 보기도 하면서 스트레스 풀어요."

"주말에는 회사 갈 때 못 하던 액세서리 같은 거 하고, 멋진 청바지 입고 밖에 나가요. 출근할 때와 안 할 때 복장이 완전히 달라요."

"저는 예전에 수학을 좋아해서 지금도 회사 때문에 짜증 나는 일이 있으면 수학 문제 풉니다. 물리학도 풀고."

"화가 나면 배낭 메고 떠나요. 집에 배낭 세 개가 항상 준비되어 있어요. 당일용, 1박 2일용, 2박 3일용."

"일본어를 배우는데, 여행 가서 써먹으려는 것도 아니고 딱히 목적은 없어요. 지금은 만화책 볼 때나 조금 써먹어요."

무엇이 더 좋은지는 완전히 개인 취향의 문제다. 무엇이 더 실천 가능한지도 개인 사정에 따라 전혀 다르다. 어떤 활동이 나를 업무와 더 '잘 분리되게' 할 수 있는지, 그래서 결과적으로 업무와 더 '잘 이어지게' 할 수 있는지 선택해야 한다. 그래서 때로는 뜬금없이 색소폰 교실도 기웃거려보고, 언제 치고 손 놨는지 기억도 가물가물한 탁구채도 잡아본다.

아무에게도 말할 수 없었던 진심

나를 위한 10만 원

오로지 나만을 위해 10만 원을 쓴다면, 이것이 1분 내로 결정하지 않으면 바로 소멸되는 돈이라면, 당신은 이 돈으로 무엇을 하고 싶은가? 조건은 단 한 가지, 업무와 관련이 없어야 한다는 것이다.

예전부터 해보고 싶었던 것이든, 예전에 했던 것이든 상관없다. 이 돈을 무엇을 사는 데 써야만 하는 것도 아니다. 뭔가를 배우는 데 써도 되고, 누군가를 만나는 데 써도 된다. 아니면 누구도 만나지 않기 위해 써도 된다.

10만 원을 어디에 쓸지 1분 안에 결정하기

_____

_____

_____

_____

_____

결정했다면, 결정한 것과 관련된 '책'을 한 권 구입하자. 직접 가까운 서점을 찾을 수도 있고, 인터넷 서점에 접속해 구입할 수도 있다. 바로 구입할 상황이 못 된다면 가족에게 부탁해도 좋고, 퇴근길에 서점에 들러도 된다. 이 과정은 반드시 책을 읽는 것이 목적이 아니다. 업무 외의 활동과 관련된 일을 떠올려보고 그것에 관심을 가져보기 위한, 그저 한 걸음을 떼기 위한 장치이기 때문이다.

관련된 용어로 검색된 책 중 어떤 것이 흥미로웠는가?

_____

_____

_____

_____

_____

뭔가 해보고 싶은 게 있는 것도 같은데, 막상 떠오르질 않는가? 부담감을 내려놓고 '그냥 재미 삼아' 한번 해보자. 나와 전혀 어울릴 것 같지 않은 것도 괜찮다. 한 번도 생각해보지 않은 것이라도, 현실적으로 불가능한 것이라도 엉뚱하지만 호기심이 있는 분야의 책을 한 권을 사보는 것이다.

구입한 책을 읽지 않아도, 힘들게 읽었는데 아무런 소득이 없어도 괜찮다. 상사한테 보고할 일도 아니니 신경 쓸 필요도 없다. 스트레스를 주는 직장 업무로부터 잠시 주의를 돌리고, 나만의 시간을 가질 수 있는 활동을 찾아보는 것이 핵심이다. 물론 책을 검색하는 중에 이런저런 흥밋거리들이 눈에 띈다면, 그것대로 의미가 있다.

아무에게도 말할 수 없었던 진심

퇴사와 은퇴를 따져보다

아무리 가까운 사이라도 퇴사나 은퇴 이야기는 잘 꺼내지 않는다. 나이가 나이니만큼 서로 간에 그 걱정을 품고 있다는 걸 잘 알기 때문이다. 나름대로야 적절한 노하우도 가지고 있고, 그걸 다 모으면 걱정거리 몽땅 날릴 수 있을 것 같지만 사람 일이 어디 그런가. 나한테는 딱 맞아도 다른 사람들에게는 완전히 생뚱맞을 수 있고, 앞뒤는 딱딱 맞는데 현실성이 없어서 자칫 빛 좋은 개살구가 될 수도 있으니 말이다.

어떤 사건이 상상만으로도 끔찍하다면 인간은 가능한 한 생각 자체를 피하려 한다. 그럼에도 주위에서 끊임없이 사건을 다시 떠오르게 한다면 어떻게 할까? 모든 정보를 차단하는 선택을 할 수도 있다. 관련된 생각만이 아니라 아예 모든 생각을 끊어버리는 것이다. 이는 자기 자신을 보호하는 극단적인 방법인데, 실제로 끔찍한 사건을 경험한 사람들에게 흔히 나타나는 모습들이다.

이를 극복하는 최선의 방법은 사건에 직면하는 것이다. 그저 '끔찍한 일'로 모호하게 나를 짓누르던 것을 오히려 용기 있게 꺼내보는 것이다. 그리고 스스로 느끼는 것이다. '피하려고만 해서 오히려 불안과 공포만 터무니없이 키웠다'는 것을. 다시 떠올려보니 울고불고 슬퍼할 일은 이것이고, 불같이 화를 내며 억울할 일은 이것이며, 나 자신을 탓하며 자책할 일은 이것이구나 하고 객관적으로 따져보는 것이다. 그러면 이것은 그나마 다행이었구나, 이건 내가 잘했구나, 이건 다시 희망을 가져도 되겠구나 하는 것들이 모습을 드러낼 수 있다.

은퇴, 퇴사도 마찬가지다. 막연히 언젠가는 찾아올 무엇으로 놓아둘수록 두려움은 오히려 가중될 뿐이다. 누구에게나 닥칠 수 있는 문제임을 인정하고 생생히 떠올리면, 막연한 두려움은 줄어든다. 넘어야 할 문제가 명확해지는 만큼 지켜내야 할 희망도 분명해지는 것이다. 그러면 지금 내가 무엇을 노력해야 하는지도 알 수 있게 된다.

"죽을 때까지 회사 다니는 방법은 딱 하나예요. 회사 다니다가 죽는 거죠. 그것 말고는 어쨌든 물리적인 시간은 절대적으로 정해져 있어요."

"인사 쪽 일을 계속해서 그런지, 나도 언제든 잘릴 수 있다는 전제하에 일을 해요. 중간에 나가든 정년까지 채우고 나가든, 회사를 떠나야 한다는 것만큼은 분명하죠."

저 높은 곳까지 승진을 해도 결국에는 회사를 떠나야 하며, 당장 내일이 아니라고 해서 모른 척할 수는 없다. 누가 몇 년 더 오래 있었는지보다 누가 회사 밖에서 더 잘 적응하느냐가 중요하다는 것도 알아야 한다. 그것이 우리 어깨 위에 얹어진 퇴사, 은퇴라는 괴물에 휘둘리지 않는 전제조건이다.

나의 은퇴사

'유서'를 작성해보는 심리 치료적 개입이 있다. 인생은 결코 무한하지 않으며 언젠가는 반드시 죽는다는 유한함에 직면함으로써 오늘의 나에게 가장 중요한 게 무엇인지 깨닫고, 이를 실천할 힘을 주는 방법이다. 최근에는 '입관'을 해보는 체험 프로그램도 있고, TV 프로그램에서는 특수 분장으로 노인이 되었을 때의 자신과 마주치는 이벤트를 벌이기도 한다.

여기서는 '은퇴사'를 써보자. 은퇴식 자리에서 나는 나 자신에게, 그리고 남은 동료들에게 어떤 말을 해줄 수 있을까? 어떤 말을 하고 싶을까? 수상 소감을 준비하는 영화배우처럼 마음이 가는 대로 정리해보자.

- 어느 은퇴사 1

누구나 하고 싶은 일을 하면서 살고 싶겠지만, 그게 정말 어렵다는 것을 살면서 조금씩 깨닫게 됩니다. 퇴사를 하는 지금, 그 생각이 더 간절하네요. 오늘에 이르기까지 나는 정말 하고 싶은 일을 하면서 살아왔던가, 아니면 먹고살기 위해 떠밀려왔던가. 하지만 '생각하는 대로 살지 않으면 사는 대로 생각한다' 라는 말도 있지 않습니까? 모든 순간에 그러지는 못했지만, 어디에서든 제가 생각하는 대로 제 인생이 흘러가게 하고자 노력해왔다는 점만은 분명하고 그것이 큰 위안이 됩니다. 이곳을 떠나서도 저는 무엇인가에 또 도전하면서, 이후의 삶도 가치 있는 시간으로 만들어갈 것입니다. 응원해주세요. 저도 여러분 한 분 한 분 앞길에 성취가 가득하길 진심으로 응원합니다.

- 어느 은퇴사 2

많은 일을 이겨내고 오늘 이 자리에 오게 된 것을 무한한 영광으로 생각합니다. 그동안 너무나 많은 분들의 도움을 받았습니다. 진심으로 고맙습니다.

먼저, 박봉에도 살림을 잘 해준 아내에게 고마움을 표합니다. 집안 대소사에 얼굴만 비쳐도 어르신들은 제가 나서서 뭔가 큰 역할을 하는 것처럼 치하해주시는데, 그게 다 아내의 꼼꼼한 전략 덕임을 잘 압니다. 그처럼 훌륭한 전략가를 배우자로 둔 덕분에 다른 일은 모두 잊고 회사에만 전념할 수 있었습니다. 용돈을 넉넉히 주거나 살갑게 놀아주지 못했는데도 늘 아버지를 생각해주는 두 아들에게도 고마움을 전합니다. 딴 길로 빠지지 않고 취직까지 했으니 뭘 더 바라겠습니까. 이제 조금 있으면 '용돈 얼마 드릴까요' 할 텐데, 얼마를 불러야 할지 그게 좀 고민입니다.

얼마 전 회식 자리에서 "야, 이 부장! 우리 야자타임 하자"라고 호기롭게 굴던 우리 팀 막내가 저기 보이네요. 그 말을 제가 지금까지 기억하는 것은 그날 저에게 보여준 한 청년의 진솔함 때문입니다. 사회 진출 첫해라 정신이 없다면서도 엄청난 포부를 안고 있더군요. 정말 자랑스러웠습니다. 저 막내만이 아니라 그 위로 대리, 과장, 차장도 그런 포부 속에 출발했고 그렇게 유능한 인재들이 저를 도와주고 있다는 것을 한시도 잊은 적이 없습니다. 모두에게 감사드립니다. 그리고 지금까지 몇십 년을 함께 지내온 동료들께도 많은 빚을 졌습니다. 가끔은 더 좋은 프로젝트 따가겠다고 티격태격하기도 했지만, 일이 막혀 스트레스가 쌓인 것 같으면 살짝 불러내 파전에 막걸리 한잔씩 서로 사주곤 했지요. 그렇게 고비를 넘어서며 여기까지 왔습니다. 고맙습니다.

이 자리에 서니 희한하게도 삼십 년도 더 전에 제가 입사하던 날이 생각나네요. 그때 저에게 일을 가르쳐주시던 과장님이 지금 이사님이 되셨고, 근무시간에는 잘 안 보이다가 퇴근할 때쯤 되면 홍길동처럼 나타나 집에도 못 가게 회식 잡으시던 부장님이 지금 대표님이시지요. 그때는 정말 '윗사람들은 좋겠다, 직원들 갈구고 회식만 하면서 월급 타가니까'라고 생각했습니다. 그런데 그 빈 시간이 M&A 건이니 투자니 방향 설정이니 하는 온갖 회의로 채워졌다는 걸 알고 조금 죄송했습니다. 자식 키워봐야 부모 마음 안다고들 하는데, 회사에서도 그런 것 같습니다. 그리고 모든 자

아무에게도 말할 수 없었던 진심

식에게 첫 번째 롤모델은 부모이듯이 두 분은 저에게 선망의 롤모델이었습니다. 감사합니다.

이렇게 되돌아보니 저의 오늘을 만든 것은 제가 아니고 회사 안팎의 모든 분이었음을 다시 한 번 깨닫게 됩니다. 진심으로 감사드리며 이만 마치겠습니다.

'직장' 말고 '일' 에 대한 인생 계획

이제는 나의 삶에 대해 조금 더 넓은 시야를 가져야 한다는 생각이 든다. '직장'에 초점을 두는 것이 아니라 '어떤 일'에 초점을 두어 내 삶을 계획해봐야 한다는 생각이다.

이를 위해서는 '내가 죽을 때까지 하고 싶은 그 무언가를 찾는 것'이 중요할 텐데, 말처럼 쉽지가 않다. 앞만 보고 달려오느라 언제 이런 걸 해봤어야 말이지. 누군가에게는 너무 멋진 것이 다른 누군가에는 오히려 잘못된 선택일 수도 있기에, 쉽게 왈가왈부할 수도 없다.

그래도 주변을 보면 퇴사나 은퇴 후의 삶에 대해 기대를 가진 이들도 꽤 된다. 이들의 공통점은 '이것이 좋을까, 저것이 좋을까?'를 빨리 결정하려는 게 아니라, '나는 이것이 왜 괜찮게 보이나?', '나에게 무엇이 중요하기에 그것을 하고 싶을까?'를 자주 질문한다는 것이다.

"저는 언젠가부터 입버릇처럼 회사 그만두면 '유럽에서 1년만 살아봤으면 좋겠다'고 했거든요. 그런데 어느 날 그런 생각이 들더라고요. 여행으로 가면 되지, 왜 굳이 가서 뭔가를 하면서 걔네들이랑 살아야 한다고 생각했을까? 하고요. 은연중 저에게는 사람들하고 함께 살며 호흡한다는 생각이 강했던 것 같아요."

"60세, 아니 55세까지 일할 수 있으면 좋을 것 같은 게, 단순히 돈 때문이 아니더라고요. 막내가 대학생 되었을 때 아빠가 무직이라고 얘기하는 게⋯. 그래서 그렇더라고요."

"계속해서 머리 쓰고 일하다가, 어느 날부터 할 일이 아무것도 없다면, 공허함이라든가 상실감 그런 것들이 가장 크지 않을까 생각이 들어요."

"어느 날 저녁 TV에 은퇴하고 귀농하는 장면이 나와서 가족들이랑 이야기를 했어요. 그런데 아내는 자녀들 근처에 살면서 애들 봐주며 살고 싶다고 하고, 저는 책을 읽는 걸 워낙 좋아해서 도서관이 근처에 있어야 하니까⋯. 귀농은 생각 많이 해봤는데 저랑은 안 맞는 것 같아요."

"저는 겸임교수 같은 걸 생각해보고 있습니다. 월급은 많지 않아도, 내 시간 많이 안 빼앗기고 명예롭기도 하잖아요."

"저는 은퇴하고도 10년 정도는 더 벌어서 자식한테 줄 수 있으면 좋겠어요. 그게 중요해요."

물론 은퇴, 퇴사는 아무리 준비해도 모자랄 인생의 주요한 전환점이다. 그렇지만 아주 작은 것이라도 준비해보는 것은 결코 쓸데없는 짓이 아니다. 그것이 두려움을 조금씩 줄여줄 수 있고, 그럴 때 지금 내가 무엇을 어떻게 해야 할지에 대한 답도 점차 찾게 될 테니 말이다.

우리의 인생이 지금껏 그랬듯이, 갑자기 전혀 생각지도 않은 기회가 와서 내 기준으로는 전혀 맞지 않는 '일'을 하게 될지도 모른다. 그때도 또 다른 인생의 파도를 타면서 결국 또 이런저런 고민을 할 테고, 그때에 걸맞은 노하우를 또 찾아낼 것을 기대한다. 지금껏 그래왔던 것처럼.

"요즘에요? 만족스러워지는 것 같아요. 처음에는 퇴사하고 울분이 많았어요. 사회적 지위에 대한 평판을 내려놓아야 한다는 게 처음엔 되게 크게 느껴졌죠. 포기가 잘 안 되더라고요. 그런데 이제는 '내가 이 회사에 왜 입사했었지?'라고 자꾸 스스로 물어보게 되고, 앞으로는 좀더 의미 있는 삶을 살아야 한다는 생각도 하게 돼요. 이렇게 새로운 인생으로 조금씩 옮겨가는 것 같아요. 아직 100퍼센트는 아니지만, 그래도 바뀌어가고 있어요."

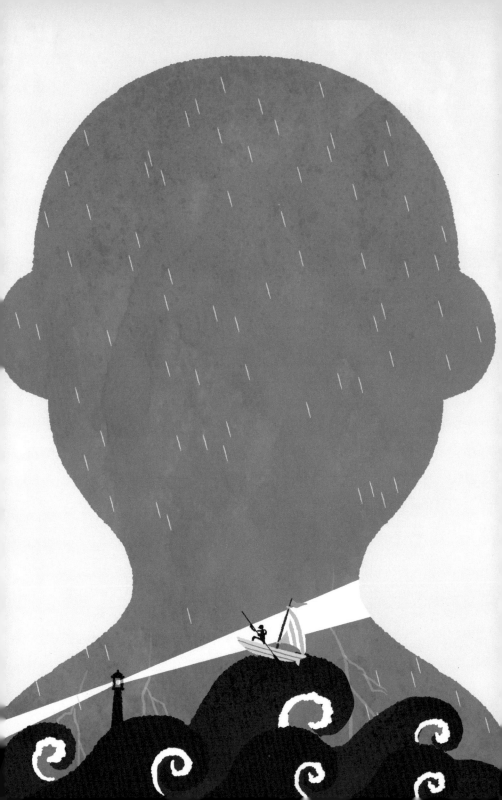

퇴사, 은퇴 후 내 모습

다음 리스트를 체크해보자. 지금 당장 어떤 일을 할지 결정하라는 건 아니다. 어떤 '일'을 떠올리면서 응답할 필요도 없다. 단지 은퇴, 퇴사 후 내가 할 무언가가 어땠으면 좋을지 체크해보는 것이다.

그 일로 인한 수입	돈은 못 벌어도 상관없음	50만 원 정도면 됨	그래도 100만 원 이상은 돼야	200만 원쯤 이 좋겠음	300만 원 이상은 되어야 함	500만 원 이상 되는 일이 필요함
현 직장과의 관련성	전혀 다른 일을 하고 싶음		관련성이 조금이라도 있었으면		연결되는 일이었으면	여건은 달라도 일 자체는 똑같았으면
익숙한 정도	한 번도 상상해보지 않은 것도 괜찮음		한두 번 생각해본 것도 가능		주변에 누군가 해본 일이었으면	내가 생생히 생각해본 일이었으면
가능 주거 지역	해외도 가능		국내면 어디든	고향까지는 가능	살던 지역은 가능	이사하지 않는 선에서
하루에 만나는 사람	혼자 하는 일이었으면		1~2명	5명 내외로	10명 이상도 괜찮음	가능한 한 다양한 사람을 만날 수 있었으면
내가 일하는 공간 크기	내 자리가 없어도 됨		작은 책상 하나		사무실이 있었으면	
명함	없어도 됨		내가 스스로 만들어도 됨		누군가가 바로 만들어주는 일이었으면	
일의 명성	아무도 몰라주어도 괜찮음		설명해주면 알 수 있는 것	딱 들으면 알 수 있는 것	누구나 부러워할 만한 것	

준비를 위해 투자하는 시간	바로 시작했으면	6개월 정도 였으면	1년쯤 걸려도 괜찮음	2년쯤 걸려도 괜찮음	3년쯤 걸려도 괜찮음	오래 걸려도 됨
사회적 기여를 한다는 느낌	고려하지 않아도 됨		어느 정도 기여한다는 느낌이 드는 것		직접적으로 기여하는 것	
하루에 쓰는 시간	1시간 이내	3시간쯤	6시간쯤	9시간쯤	12시간쯤	상관없음
일년에 마음대로 쓸 수 있는 날짜	언제나 얼마든지 였으면	일주일 정도	15일 정도	30일 정도	2~3개월	4개월 이상
타인이 나를 부르는 단어	직급/ 직책으로 불렸으면	사장님	선생님	어르신	이름	상관없음
종교나 가치관과 맞는 정도	상관없음		약간 중요함		매우 중요함	
은퇴 전에 투자할 수 있는 시간	전혀 없어도 괜찮았으면	정보를 알아볼 수 있었으면	교육을 받을 수 있었으면	체험할 수 있었으면	투잡으로 할 수 있었으면	

지금 내가 원하는 것을 체크해봤자 실제로 이루어지지 않을 것 같고, 내가 정말 어떤 것을 원하는지도 잘 모를 수 있다. '지금 나의 생각'은 언제든 다양한 이유로 변할 수 있다. 그럼에도 체크해보는 것은 내 안에서 '왜'라는 답을 찾는 훈련이 중요하기 때문이다. 남들이 하니까 나도 따라 하고, 안전해 보여서 따라 하는 것 말고 내 안의 진짜 답을 찾는 연습을 해보는 것이다. 그래서 가능한 한 몇 달에 한 번이나 최소 1년에 한 번, 그리고 퇴사에 대한 생각이 불현듯 날 때마다 체크해볼 것을 권한다. 이전에 했던 것을 보관해두었다가 비교해보는 것도 재미있을 것이다.

스스로 힘을 내지 않으면 무너질 수밖에 없다.

3장

오늘도 내가
회사에 나가는 진짜 이유,
가족

진정한 위로를
받는 곳

관리직급이 직장에서 롤러코스터 같은 부침을 겪으면서도 다시 의미를 찾고 스스로 힘을 내는 근본적인 이유는 무엇일까? 정말 딱 하루만 연차 내고 쉬고 싶은데도, 이 정도 직장생활 했으면 이제는 좀 쉬어도 되지 않을까 싶은데도 이를 악물고 오늘도 출근하는 진짜 이유 말이다.

인터뷰 결과, 많은 관리직이 예상처럼 '가정'과 '가족'에서 그 답을 찾고 있었다. 배우자와 자녀를 위해, 그리고 부모님께 걱정 끼쳐드리지 않기 위해서라도 안정적인 직장생활을 유지하고자 했다. 그런 마음으로 주기적으로 찾아오는 '그만둘까?' 싶은 유혹을 억눌렀던 것이다.

행복의 선순환 구조

"직장인들이 최고로 원하는 게 뭐냐 하면, 회사 다닐 때 부모님 돌아가시고 회사 다닐 때 아이들 결혼시키는 거죠. 그게 최고예요. 대부분 직장인이 얘기하는 목표가 그거예요."

"오늘 회사에 내가 왜 나와 있는지를 잘 생각해봐요. 그러면 결국 나 스스로 잘살고 내 가족들 잘 지내자고 나왔는데… 하는 거죠."

회사에서 최선을 다해야 가정도 지킬 수 있는 것인지, 그래도 가정을 우선순위로 둬야 회사 일도 의미가 있는 것인지 헷갈릴 때도 많다. 회사에서 여러 프로젝트 간에 우선순위를 정하듯, 일과 가정을 두고도 효율성이나 가치를 따져야 하나 싶기도 하다. '지금은 어느 하나에 매진하고 다른 것은 희생을 감수하자' 하는 식으로 딱 결론을 지으면 마음이라도 편하지 않겠나 싶어질 때도 있다.

역설적이게도, 가족을 위해 열심히 회사 일을 하느라 가족과 멀어지기도 한다. 함께하는 시간이 적어지면서 갈등이 생겨나는 것이다. 가족과의 갈등을 안고 출근을 하니 일이 손에 잡힐리가 없다. 게다가 명색이 관리직이니 회사에서 티를 낼 수도 없고, 오히려 팀원들의 개인적인 사정들을 조율하다 보면 스트레스가 더 쌓인다. 더욱더 안타까운 것은 이 스트레스를 또다시 가정으로 안고 간다는 것이다. 선순환 구조는커녕 악순환이 되풀이되는 것이다. 도대체, 어디를 먼저 풀어야 할까?

그러나 사실 가정과 직장이 분명한 상관관계에 있다는 건 다들 안다. 어느 하나가 좋기 위해서는 다른 것의 희생이 무조건 요구되는 배타적인 관계가 아님을 말이다. 한쪽이 올라가면 다른 한쪽은 무조건 내려가야 하는 시소게임이 아니라, 하나가 좋아지면 다른 하나도 같이 더 높이 올라가는 관계다. 마찬가지로, 한쪽이 어려워지면 결국 양쪽이 다 망가지는 악순환의 고리에 빠져버릴 수 있다.

"회사라는 것 자체가 가정이랑 다 연관돼 있어요. 회사는 회사, 가정은 가정, 이렇게 떨어져 있지 않아요. 사실 이게 다 복합된 거죠. 직장생활 하는 거 다르고 집에 가서 다르고…, 그게 어떻게 돼요?"

"회사에서 제가 문제를 해결하는 자리에 있잖아요. 집에서도 문제를 해결 못 하면 안 되죠. 문제가 생기면 원인을 빨리 파악하고, 그렇게 된 이유를 당사자 입장이 되어서 이해해보는 거예요. 밖에서 일 잘하면서 집에서 문제 일으키는 사람 별로 없어요."

이 자리에 이르기까지 쌓아온 안목과 통찰력이 가정을 살피고 이끄는 데도 큰 도움이 된다. 또 가족들이 무얼 원하는지를 일일이 파악하고 채워주고자 애를 쓰다 보면 그 습관이 회사에서 팀원들을 다루는 데로도 다시 옮겨간다. 사실 이것은 어떤 것이 먼저거나 나중이랄 것 없이 바퀴처럼 둥글게 굴러가는 일이다.

언뜻 보면, 회사에서도 잘해야 하고 가정에서도 잘해야 하는 상당히 부담스러운 이야기로 들릴지도 모른다. 그러나 이 둘은 끊임없이 서로에게 영향을 주기에, 한쪽의 행복을 희생시킨다고 다른 쪽의 성공을 보장받는 것이 결코 아니다. 결국 순간순간은 조금 더디게 느껴져도 함께 살피고 지켜내야 하는 관계인 것이다. 그럴 때 분명 시너지 효과가 나타나고, 어느 한쪽에 위기가 닥칠 때 다른 한쪽이 극복할 힘을 가져다줄 것이기 때문이다.

"내가 위로받을 데는 가정이지, 회사에서 누가 위로해줘요? 회사에서 신나게 깨지고 나면 옆에서 같이 욕은 해주죠. 하지만 그거 입 발린 소리일 수 있어요. 속으로 '네가 깨질 만하네' 하는 사람도 있고요. 진정한 위로를 해주는 곳이 가정밖에 더 있겠어요? 부모가 '야, 그래도 사회생활이 그런 거니까 힘내라' 하고, 배우자가 '자기 힘들어서 어떡해?' 하는 말이라도 해주는 게 고맙잖아요."

사실 직장과 가정 중 어디부터 행복을 찾아야 하는지는 중요한 게 아닐 것이다. 그저 삶의 장면마다 녹아 있는 행복의 순간들을 놓치지 않고, 발견하고, 충분히 누리면 되는 것이니까.

그저 함께 있기에 행복하다

"아주 행복하게 느꼈던 것은… 애들이 태어나고, 애들과 같이 놀고, 애들이랑 같이 여행 갔던 순간이에요. 애들 커서는 배우자랑 같이 여행을 다녔어요. 차 몰고서. 그냥 운전하면서 돌아다닌 게 행복했어요."

가정에서 행복했던 때가 언제였는지, '행복'이라는 단어와 함께 지난 한 주, 지난 한 달, 지난 한 해를 돌아보면 딱히 '무엇 때문'이라고 이름 붙이기 어려운 모호한 장면들이 떠오른다. 그냥 내 옆에 가족들이 있는 것 자체가 행복하다는 것이다. 그때 정확히 무엇을 했는지, 무엇이 좋았는지, 어떤 말이 오갔는지 기억나지는 않지만 그냥 그런 시간들이 참 아련하다.

가족과 함께 있는 것보다 좋은 게 또 어디 있을까. 물론 당시에는 골치 아픈 상황들도 있었을 테고, 가족 중 누군가는 이런저런 문제로 잔뜩 조바심을 내고 있었을 수도 있고, 계획대로 안 되어 순간 버럭 화를 냈을 수도 있다. 하지만 그런 기억들은 어느새 흐려졌고, 그저 함께 있었던 그 장면이 떠오르는 것이다.

다시 말해 가정에서 예전만큼 행복감을 느끼지 못한다면, 그 이유가 근사한 외식이나 여행처럼 뭔가 특별한 순간이 없어서가 아니라 '그저 함께 있는 시간' 자체가 줄었기 때문은 아닐까? 목적 없이 그냥, 정말 그냥 같이 있는 시간이 줄어서 그만큼 만족감이 줄어든 것은 아닐까?

언젠가부터 각자의 일정이 더 중요해지고, 시간을 쪼개 함께하다 보니 오랜만에 가족 모두가 모여도 급하게 서로 확인할 것을 확인하고 결정할 것은 결정하는 자리가 되어버리기도 한다. 각자가 자기만의 시간에 무엇을 했고 어떻게 했는지를 보고하고(과거), 앞으로 또 각자의 일정으로 돌아가 무엇을 하고 어떻게 할지를 논의하느라(미래), 정작 지금 우리가 함께 무엇을 보고 듣고 느끼고 있는지를(현재) 공유하지 못하는 것이다. 그게 진짜 '함께 있는 것'인데 말이다.

내 가족이 지금 나와 같은 공간에 있다는 것 자체가 주는 행복감이 있다. 말하면 들을 수 있고, 같은 풍경을 바라보고, 눈을 마주치고 살을 부대끼는 순간이 선물하는 무언가가 분명 있기 때문이다. 인간이라면 어쩔 수 없다는 '절대적 고독'에서 벗어나게 해주는 힘일 수도 있고, 인간이라면 또 어쩔 수 없다는 '사회성'을 확보해주는 것일 수도 있다. 결국 핵심은 내가 제일 사랑하고, 내 것을 다 주어도 아깝지 않은 가족과 함께 있을 때 얻을 수 있는 편안하면서도 단단한 '연결감'이 아닐까 싶다. 직장에서 정말 힘들어도 집에 돌아갈 생각을 하면 힘이 나는 이유도 그 때문이다. 집에서 나를 기다리는 아이들과 배우자가 있다는, 나와 단단히 연결된 가족 생각을 하면 없던 힘도 생기지 않던가.

"애들이 좀 커서 예전처럼 같이 놀아주고 그러지는 못해요. 그래도 그냥 '오늘 어땠니?' 하고 애들한테 물어보는 순간이 좋아요. 욱하는 성질도 있어서 화가 나면 화도 내고 그러는데, 그래도 그냥 같이 살 비비적대는… 그게 그냥 좋아요."

"가장 큰 문제는 시간을 못 낸다는 거예요. 늦게 퇴근하고 가족끼리 많은 시간을 갖지 못하니까 유대감이 없어지는 게 문제

아무에게도 말할 수 없었던 진심

죠. 그래서 시간을 낼 수 있을 때 좀더 밀도 높게 하려고 하는데…. 아무래도 모자라요. 많이."

"저는 저희 애랑 뭔가를 같이 하는 순간이 유일하게 스트레스 안 받는 순간이에요. 근데 애가 요즘 바빠서…. 토요일에 뭐 그렇게 할 게 많은지 오후 4시 이후에나 시간이 난대요. 주말이라 해도 아침부터 함께 어디 갈 수가 없어요. 앞으로는 더하겠죠. 벌써부터 나랑 노는 것보다 친구랑 노는 게 좋다니깐. 이것도 얼마 안 남긴 했는데… 그때 가면 뭔가 또 방법이 찾아지겠죠."

문제는 가족과 함께할 수 있는 시간이 정말 많이 줄었다는 것이다. 관리직급이 되면서 시급한 사안들을 다루게 될 때가 많아 오히려 퇴근 시간이 갈수록 늦어진다. 아이들은 아이들대로 학업과 진로에 집중하느라 바쁘다. 게다가 가족과 함께하려고 큰맘 먹고 시간을 내면, 꼭 무슨 일이 생기곤 한다. 나들이라도 가려고 하면 애 학교에서 마침 행사가 있다고 하고, 회사에서 출장 가라고 하고, 집안 어른이 아프고 친척 누군가가 돌아가셨다는 연락이 온다. 머피의 법칙은 참 위력적이기도 하다는 걸 실감하게 된다.

그렇다 보니 요즘보다는 서로가 덜 바빠 함께할 시간이 어느 정도 보장되던, 애들이 아직 어리고 부모님도 정정하시던, 살림살이도 지금보다 단출해 신경 써야 할 게 적었던 시절이 그리워질 때도 있다. 그저 가족과 함께 있는 것이 주는 따뜻함, 그것이 그립고 아쉬워서 때때로 은근슬쩍 외로워지는 것이다.

나의 동반자,
지지자, 전우

1,000명의 직장인에게 현재 삶에서 가장 위로가 되는 사람이 누구인지, 그리고 앞으로 정말 힘든 일이 있을 때 위로받고 싶은 사람은 누구인지 물었다. 결과는 명확했다. 배우자였다. 더욱 주목할 점은 나이와 직급이 올라감에 따라 배우자에게 위로받고 있고, 위로받고 싶다는 비율이 점차 높아진다는 것이다.

우리나라 중년 남성 직장인들을 대상으로 한 또 다른 연구[●]를 살펴봐도 비슷하다. 자신의 전반적인 행복과 가족 관계(자녀, 부모), 가족

[●] 곽금주, 민하영, 김경은, 최지영, & 전숙영. (2011). 중년 직장 남성의 가족 관계, 가족 외 관계 및 직무만족이 행복심리에 미치는 영향. 인간발달연구, 18(3), 115-133.

삶에 위로를 주는 대상

현재 본인의 삶에 위로를 주는 대상은 ' 배우자, '자녀' 순으로 높게 나타났고, 향후 위로 받고 싶은 대상은 '배우자', '친구', '자녀' 순으로 나타났다. 특히 나이가 증가하고 직급이 높아질수록, 현재 및 미래 삶에 '배우자' 가 정서적으로 위로를 주는 주요한 역할을 한다는 것을 확인할 수 있었다.

현재 삶에 위로를 주는 대상

대상	1순위	1+2+3순위(중복)
배우자	44.7	67.3
자녀	20.5	62.5
친구	7.4	39.2
부모	10.4	37.8
형제자매	3.6	22.3
직장 동료	2.1	13.4
취미, 여가, 종교활동 내 지인	3.8	12.8
신과 같은 영적 존재	4.9	8.3

위로를 받고 싶은 대상

대상	1순위	1+2+3순위(중복)
배우자	63.6	76.5
친구	9.0	45.1
자녀	4.6	38.8
부모	7.3	36.7
형제자매	3.1	25.8
직장 동료	1.6	13.2
신과 같은 영적 존재	5.8	9.4
취미, 여가, 종교활동 내 지인	1.5	7.2

외 관계(친구, 동료), 그리고 직무 만족도를 조사한 결과 40대에는 개인의 행복 점수에 직무 만족도가 가장 큰 영향을 미쳤는데, 50대에는 부부간의 관계가 더 큰 영향을 미치는 것으로 나타났다. 자녀와 부모와의 관계도 물론 무시할 수 없지만, 부부 사이가 가장 중요한 요소인 것이다.

내 맘 알아줘서 고마워

가족과 보내는 시간이 부족하다고 행복을 못 느끼는 것은 아니다. 오히려 함께 보내지 못하는데도 함께하는 것처럼 느껴질 때가 있다. 눈 맞춤 한 번 제대로 못 하는 날이 계속돼도, 내가 이렇게 고생하는 게 '나 혼자만을 위한 것'이 아님을 가족들이 알아줄 때가 그렇다. 나조차 '내가 왜 이러고 사나' 싶은데, 가족들이 그 의미를 먼저 알아줄 때의 따뜻한 위로는 가정 밖에서 얻을 수 있는 그 어떤 인정보다 크다.

특히 배우자가 나의 힘든 상황을 이해해주고 있다고 느낄 때면 힘이 불끈 솟는다. 너무 바쁘지만 내가 지금 하고 있는 일, 내가 가치를 부여하고 있는 직장에 대해 배우자가 응원해주는 것만큼 뿌듯한 순간이 또 있을까. 떨어져 있는 시간은 길어도 결국에는 같은 곳을 바라보고 있다는, 결국 '가정을 위하는 마음'만큼은 다르지 않다는 걸 느낄 때, 비로소 배우자가 든든한 '동지'가 된다.

"출장도 잦고, 늦게 퇴근하고, 맨날 새벽 6시 반이면 나가고 하니까, '당신 그러다가 쓰러지겠어' 하고 걱정이 크죠. 그렇다고 '여보, 회사 그만둬' 이렇게는 못 하죠. 그저 이해를 해주고 상황을 알아주고 그러는 거죠."

사실 회사에 있을 때는 물론이고 집에 있을 때도 위로는 부모님, 아래로는 아이들 챙긴다고 배우자는 서로에게 뒷전인 경우가 많다. 그럼에도 집안 살림을 꾸려나가면서 돈도, 시간도, 마음도 자꾸 쪼개야 하는 상황이 될 때면 결국에는 배우자의 배려를 바라게 된다. 그렇게 바라는 것이 미안하지만 내가 벅찰 때면 '당신이라도 내 마음을 알아주고 조금만 더 참아주면 안 되겠냐'고, '이번에는 당신이 좀 알아서 해주면 안 되겠냐'고 하소연을 한다. '다 우리 가족 좋자고 하는 건데, 당신까지 꼭 자기 것을 챙겨야 하냐?'고 불평도 많이 한다. 속으로든 겉으로든, 빙빙 돌려서든 직접적이든 말이다.

어쩔 수 없다는 생각도 든다. 부모님한테 이렇게 했으면 좋겠고, 애한테는 이렇게 했으면 좋겠고…. 가족들에 대해 이런저런 생각을 한다는 것 자체가 굉장한 감정 노동인데, 회사 일에 지쳐 집에서 감정을 소비할 여력이 없어진다. 그때 결국 찾는 것은 배우자일 수밖에 없다. 배우자에게 바라는 것들만 많아지는 것이다. 배우자가 제발 내 얘기 좀 들어줬으면, 알아서 해줬으면 하는 거다. 따지고 보면 제일 미안한 사람인데, 제일 섭섭해할 사람인데….

이런 상황에서도 배우자가 나를 이해해주려 애쓰는 모습을 볼 때, '그래, 나도 한 번 더 힘을 내자!' 싶어진다.

"저도 처음에는 그런 줄 몰랐는데…. 나를 이해해주기 위해서 아내가 참 많이 참고 있다는 것을 알게 됐어요. 정말 미안하고 감사할 따름이죠."

"제 배우자는 정말 완전히 마음을 열고 대화를 하는데, 저는 사실 그게 어렵고 제 나름의 선이 조금 있었어요. 그 사람은 일단은 저의 감정을 들어줘요. 딱 내 생각에 몰입해서 내 감정을 자기가 얘기해줘요."

때로는 대화의 주제가 회사 일이고 게다가 골치 아픈 일인데도 배우자에게 실컷 떠들고 나면 마음이 은근히 따뜻해지고 든든 해지기도 한다. 이는 그저 내가 얼마나 힘든지를 알아주길 바라는 것, 핑계를 대는 것 이상의 의미가 숨어 있기 때문일 것이다. 정작 나조차도 배우자에게 왜 이리 회사 이야기를 주저리주저리 하고 있나 싶을 때도 있지만, 가만히 생각해보면 결국 배우자를 믿고 배려하는 마음이 내 안에 있기 때문이다. 그리고 배우자도 그것을 느끼는 것 같다. 그러기에 잘 모르는 골치 아픈 이야기라도 귀를 기울이고 맞장구도 쳐주는 것 아니겠는가.

"배우자한테 '이건 비밀인데' 하면서 이야기해요. '지금 회사에서 내가 이런 프로젝트를 하는데 당신이니까 이야기하는 거야. 회사에서 누구랑 이야기를 할 수도 없고. 내가 이런 고민을 하고 있거든. 당신도 혹시 좋은 생각 있으면 얘기해줘' 라고 해요. 사실 배우자가 무슨 이야기를 해주겠어요. 그래도 이렇게 얘기하면, 내가 지금 회사에서 아무도 모르는 비밀 프로젝트를 하는 중요한 인물이구나 하는 생각도 배우자가 가질 수 있고, 우리끼리 동질감도 들잖아요. 그런 걸 가져야 배우자도 안 힘들잖아요. 회사에서 힘든 일이 있었던 날은 그것도 말해요. 진솔하게. 정말 그럴 필요가 있어요. 실제로 힘드니까. 가끔은 회사에서 잘릴 수도 있다는 이야기도 하고요. 혹시라도 그럴 때

충격받지 않게. 그럴 때 당신이 좀 이해해주고 도와달라고 얘기하죠."

"내가 회사 일 얘기를 할 때 배우자가 알아듣는지 못 알아듣는지 그건 중요한 게 아닌 것 같아요. 그것과 상관없이 저는 배우자에게 회사 일을 이야기해요. 그러면 대부분 문제가 해결돼요. 보통 9~10시에 퇴근하다가 갑자기 11~12시에 퇴근하면 걱정할 수밖에 없잖아요. 그런데 어차피 말을 해도 이해하지 못할 테니까 하면서 얘기 자체를 안 하면 상대방으로서는 자기를 무시한다는 생각이 들잖아요. 그게 배우자를 힘들게 하는 것 같아요. 그런 것 때문에 싸우게 된다고 보거든요. 그래서 저는 대부분 이야기해요. 오늘 무슨 일이 있었다고. 배우자가 이해하고 안 하고를 떠나서 그냥 요즘 중요한 일을 하나 보다, 정말 힘든가 보다 이렇게 생각할 수 있게. 평소랑 다른 일이 있다는 것을 알면 되거든요. 내가 만약에 반대 입장인데 배우자가 아무 말이 없으면 되게 화날 것 같거든요? 그러니까 얘기하는 거예요."

배우자가 나의 진심을 나 자신보다 더 알아줄 때도 있지만, 그것이 어찌 쉬운 일이던가. 그래서 어떤 때는 많은 이야기를 하지 않는데도, 오히려 마음이 통하는 순간을 만나기도 한다. 그 럴 때면 든든한 마음이, 배우자에 대한 신뢰가 더 커진다.

"사람마다 달라서 하나하나 일일이 이야기하는 집도 있겠지만, 저희 집은 그렇지 않아서 편한 것 같아요. 배우자가 제가 하는 일을 믿는 게 힘이 돼요. 최소한 내가 밖에 나가서 뭐를 하든지 간에, 충분히 내 판단하에 잘할 거라고 믿어주거든요. 뭐, 속으로는 '관심이 없어서 그런 거야!' 라고 할 수도 있지만요. 내가 생각할 때는 배우자가 나를 믿어준다는 느낌을 받아요. 그럴 때면 정말 고마워요. 그래서 저도 똑같이 그 사람을 신뢰하죠."

다양한 활동을 함께하면서 서로의 마음을 알아갈 수도 있다. 이 런저런 것들을 넌지시 제안해보는 것으로, 아니면 상대방의 제 안을 묵묵히 따라주는 것만으로도 마음이 통한다고 느껴진다.

"우리 세대가 부부끼리는 뭔가를 잘 못했던 세대이기 때문에 이제 는 서로가 노력해야 하지 않을까요? 서로 그런 점을 공감하니까 이제 조금씩 같이 하려고 해요. 50대가 되면 지성이 평준화되고, 60대에는 재물이 평준화되고, 70대에는 목숨이 평준화된다고 하 잖아요. 우리 부부도 이제 손잡고 동네 산책길 걷고 그래요."

"우리 가족은 가족일기를 써요. 다이어리에 하루에 한 명씩 돌아가면서. 그래서 저는 4일에 한 번 쓰는데, 그냥 제 느낌도 쓰고 배우자한테 전할 말도 쓰고 그래요. 둘째는 주로 그림 그리고요. 잘하려고 할 필요 없어요. 그냥 가족들이 뭐가 좋겠다고 하면 한번 해보고 우리 집에 맞게끔 바꾸면 되죠. 까먹어서 못 쓸 때가 3분의 1 정도 되는데, 그럼 벌금 내요. 여행 경비 모은다고. 그냥 가족끼리 뭔가 함께한다는 느낌을 받기 위해서 하는 거예요."

이런 장면들을 떠올려보면, 회사 일로 매일 바쁘고 집에서는 한없이 어설픈 나를 배우자가 참 많이 이해해주고 있다는 생각에 힘이 난다. 그리고 한편으로는 나 자신도 정말 내 가족을 위하고 있음을 스스로 느끼게 된다. 부모 노릇에 자식 노릇까지 겸하자니 배우자와 가끔 언쟁도 하지만, 내 모든 노력이 어쩔 수 없어 억지로 하는 게 아니라 가족이 소중하기에 스스로 노력해왔다는 것을 오랜만에 깨닫는 순간이다.

"그냥 가끔 생각해요. 우리 가족이 행복할 수 있는 게 뭐가 있을까 하고요."

같은 목적을 가지고 가족이 모여 함께 고민하고, 그럼으로써 모두가 만족감을 느끼는 걸 보면 행복해진다. 가족의 마음이 하나로 모이는 모습을 보면서, 나 스스로가 가족이라는 울타리 안에서 무언가를 하고 있구나 하는 느낌에 행복감이 찾아든다.

그리고 이런 가족을 지키고자 우리 부부 모두가 진실로 노력하고 있음을 믿는 것은 큰 어려움이 닥쳤을 때 더욱 빛을 발한다. 팀워크를 제대로 보여줄 때 말이다.

"갑자기 퇴직하면서 스트레스를 많이 받았어요. 그때 배우자가 정말 중요하다는 생각을 했어요. 회사 다닐 때는 잘 몰랐는데, 닥치니까 배우자의 위로가 굉장히 큰 힘이 됐어요. 정신적 충격이 왔을 때 친구 만나서 해소해보려 했는데 안 되더라고요. 친구 만나서 우울한 얘기 하는 거, 한 번은 모르겠는데 두 번 만나면 구걸하는 것 같잖아요. 동정받기도 싫고 하니까 먼저 연락이 오기 전에는 연락을 못 하죠. 그러다 보니 만나는 사람이 확 줄어들었어요. 그 상실감과 박탈감, 정말 대단히 큽니다. 가족 말고는 이걸 메워줄 수가 없어요."

회사에서 아무리 깨져도 집에 가면 위로해줄 누군가가 있다는 사실이 큰 힘이 된다. 프로젝트가 꼬이거나 하필 실적 나쁜 팀 옆자리에 앉았다가 싸잡아 호통을 듣는 억울한 순간에도 감정적으로 욱하지 않고 한 발 물러나 상황을 차분히 바라볼 수 있다.

"제가 직장 스트레스를 덜 받는 것은 아내와 모든 것을 상의할 수 있었기 때문인 것 같습니다. 신혼 초부터 회사의 중요한 일은 다른 누구와도 얘기를 안 하고 아내와 상의했는데 이것이 저를 보호하고 아내를 삶의 동반자이자 전우로 만든 것이 아닌가 생각합니다. 그래서 후배들에게도 회사에서 기분 나쁜 일이 있으면 무조건 일찍 집에 가서 아내와 시간을 보내라고 합니다. 회사에서 동료에게 얘기하는 것은 간혹 자살행위가 될 수 있다고 경고하죠. 아내와 함께 회사 일을 상의할 수 있는 것이 회사생활을 잘 해나갈 수 있는 가장 중요한 요인이 아니었을까 생각합니다."

여보, 사실 제일 미안해

나이가 들수록 부부 관계의 중요성은 점점 커진다. 나의 행복에 차지하는 비중이 커지는 것이다. 하지만 이를 거꾸로 생각해보면 부부 관계가 나쁜 경우 다른 조건들이 충족되어도 행복감이 덜할 수 있다는 뜻이기도 하다.

'역시 내 배우자밖에 없다'고 생각하기 시작할 때, 위험 요소도 함께 증가할 수 있다. 모든 관계가 그렇듯이 의존 욕구가 커질수록 기대하는 게 많아지고 구체화되기 때문이다. 그만큼 기대가 충족되지 않을 때 실망감과 배신감도 커지기 쉽다.

"밖에서 스트레스받으면 예전에는 동료 동기들하고 풀었는데, 이제는 체력도 안 되고…. 그래서 집에 가서 배우자랑 편하게 이야기하면서 위로도 받고 싶은데…, 집에서 스트레스를 풀고 싶은 그런 바람이 있는데 그게 잘 안 되는 것 같아요. 집에서 힐링을 못 느끼게 되는 듯해요."

"배우자도 맞벌이인데 애들도 컸으니까 둘이 휴가 맞춰 가려고 '휴가 언제야?' 하니까 '왜 물어?'라고 되묻더라고요. 그래서 '당신 휴가 기간에 맞추려고' 하니까 배우자가 '꼭 그 기간이어야 되냐, 휴가인데 나 좀 쉬게 해주면 안 되겠냐'고 그러더라고요. 그러면서 당신은 당신 편할 때 잡으라고 하더라고요. 섭섭했죠. 젊을 때는 모르겠지만 나이 들어서 내가 나름 배려하려고 생각했는데 그럴 필요 없다고 하니까요."

그렇다고 이런 장해물만 있는 것은 아니다. 남자나 여자나 나이가 들수록 생물학적 · 심리적으로 중성화되는 경향이 있으니, 20~30대에는 이해하지 못했던 면들을 이해할 수 있는 조건이 마련되기도 한다. 게다가 그동안 이런저런 일과 사람들 관계에 치이면서 그래도 결국 내 가족밖에, 내 배우자밖에 없다는 생각이 진심으로 들기도 한다.

그동안 나도 배우자도 참 열심히 살았다. 각자의 역할에 충실해 그때그때 맡겨진 일에 최선을 다했다. 돈을 벌어오고, 집안을 꾸려나가고, 애들을 키우고, 어른들을 모시고 각자 맡은 역할을 해왔다. 그러면서 이렇게 열심히 많은 역할을 해내는 진짜 이유는 서로가 알아주지 못했다. 나만 혼자 애쓰는 것 같고 상대방은 아닌 것 같은 의심이 드니, 버거워하다가 상대방에게 날을 세우기도 하고 말이다.

"밖에서 스트레스가 쌓이는데 어떻게든 풀어야 하니까 술을 먹든지 아니면 취미생활에 빠져버리죠. 배우자 입장에서는 저 인간은 쉬는 날은 나가 놀고, 평일에는 술 취해서 들어오고, 그러면서 맨날 자기만 힘들다고 불평하니 그런 소리 들으면 열 받는 거죠. 나도 그 불만을 알기는 하죠. 말을 안 해도 느껴지거든요. 그렇지만 '나도 힘들어 죽겠으니까 이러지', '네 일은 네가 알아서 하는 거지, 내가 그것까지 신경 쓰면 넌 뭐 하냐?' 는 생각이 들 때가 있어요. 그러면 배우자는 그런 마음도 또 아는 거죠."

"돈 문제, 부모님 문제, 그런 것을 하나하나 체크하다 보면 배우자도 나도 서로 이성으로 보이지 않을 때가 있어요. 싫은 건 분명 아닌데, 정말 고맙고 애틋한데, 의견을 이야기하다 내 입장에 동의를 안 해주면 그 잔 감정들이 남게 돼요. 그런데 서로 그런 감정을 표현하지 못하는 거죠."

지금 당장 눈앞에 보이는 것은 의견 충돌이고 신경전일지 몰라도, 결국 원하는 것은 너와 내가 똑같다는 동질감일 텐데. 진심을 믿어주는 것만은 절대 놓치지 말았어야 하는데, 그것을 놓쳐서 서로 오해하고 화나고 섭섭했던 거다.

아무에게도 말할 수 없었던 진심

부모가 되어 보니
알게 된 것들

부부간에는 살다 보면 정이 뚝 떨어질 때도 있지만, 자녀만큼은 절대 그렇지 않다고들 한다. 표현은 서투를지 몰라도 말이다. 부모에게 자녀는 상상할 수도 없는 커다란 행복을 주는 존재다. '엄마 바보'니 '아빠 바보'니 하는 말은 없어도 '딸 바보', '아들 바보'는 거의 유행어처럼 쓰이지 않는가. 그러나 많은 중년들이 자녀가 커갈수록 이런 부모 마음을 알기나 할까 싶을 때가 종종 있다고 고백한다. 아이들도 나이를 한참 더 먹어야 내 진심을 알아줄까 싶은 것이다. 자신도 부모가 되고 나서야 비로소 부모님에 대한 애틋함이 갈수록 깊어지고 있으니 말이다.

너도 어른이 되면 날 이해할까?

어릴 때는 같이 공원도 가고 여행도 다니고 했는데, 이제는 컸다고 자기 방에 문 닫고 들어가 나올 생각을 안 하니 서로 얼굴 보기도 어려워진다. 다른 집 자녀들도 다 그렇다니까, 사춘기니까, 공부하느라 힘들고 바쁘니까 하면서 서운한 마음을 덮어두게 된다. 불안정한 감정 속에서 진로와 미래를 결정해야 하는 시기이니 스트레스 주지 말자고 하면서. 서로 큰 상처 주지 않고 문제 더 키우지 않고 버티면 언젠가 부모 마음을 조금은 이해해주겠지, 그런 시기가 자연스럽게 오겠지 기대하면서 말이다. 부모 중 한쪽이 닦달하면, 나머지 한 사람이라도 가만히 있어야지 싶어서 '별일 없지?' 하는 말로 무심히 넘기려고 노력하기도 한다. 나라도 스트레스를 주지 않으려고. 그런데 그렇게 시간만 보내다가 어느새 서먹해지고 어색해지고 만다.

"학원에서 애 차 태워서 집으로 데려오면서 '아픈 데 없냐?' 등등 몇 마디만 하고 다른 건 안 물었어요. 수능 다가왔을 때는 격려도 하지 말라고 그러더라고요. 아예 그런 지침이 있어요. 어설프게 위한다는 식으로 '파이팅!' 이런 거 하지 말라고. 수능 3일 전에는 아예 한마디도 하지 말라고. 무슨 이야기 자체를 하지 말라고 하니…."

배우자와는 그래도 괜찮은데 유독 나와 더 서먹해진 것 같으면, 이게 참 이상하게 더 외롭다. 한편으로는 배우자와는 잘 지내니 그나마 다행이다 싶지만, 나만 따돌림당하는 기분이 드는 것이다. 한 가족인데도 나만 모르는 대화들이, 일들이, 추억들이 생기는 것 같은 느낌이라도 들면 그 순간 가슴이 참 휑하다. 서글프다.

"엄마랑 애가 이야기하다가 제가 끼면 대화가 끊겨요. 아내한테 무슨 이야기냐고 물어보면 '다음에 이야기해줄게' 해요. 집에서 제가 아웃사이더가 된 거예요."

그래도 어쨌든 부모들은 오늘도 내 새끼 잘 먹이고, 잘 입히고, 잘 재우고 싶은 마음뿐이다. 그러다 보니 '당연히 드는 돈'부터 생각난다. '적어도 남들처럼은' 해주고 싶다.

문제는 우리 어린 시절과 지금 아이들이 겪는 어린 시절이 너무나 달라졌다는 점이다. 과거에는 부모의 의무가 돈 열심히 벌어 의식주 해결하는 것이었다면, 이제는 그것만으로는 안 된다. 사교육비가 당연한 생활비가 된 지 오래고, 최근에는 더한 강적이 나타났다. 부모가 늙어서도, 심지어 세상을 떠난 후에도 자녀를 지켜야 한다는 이상한 이야기들이 돌고 있다. 내가 없을 때도 자녀가 잘 지내려면 자녀가 장차 살아갈 재정적 기반을 내가 살아 있는 동안 마련해주어야만 할 것 같은, 그래야 정말 부모 노릇 원 없이 한 것 같은 사회적 분위기가 느껴진다. 내가 힘이 없어졌을 때도(조금 더 직접적으로 말하면 돈을 못 벌 때도), 누구도 내 자녀를 무시하거나 해코지하지 못하게 내가 최대한 더 벌어주고, 더 챙겨주고, 더 높은 자리에 앉혀주어야 한다는…. 누가 언제부터 주었는지 모를 압박감이 있다.

"친구들 만나면 다 그래요. 대학교까지 대주고 그다음엔 모르겠다고 한다고. 하지만 자기가 낳은 자식이 자립이 안 됐을 때 모른 척할 수 있을까? 불가능해요. 그럼 같이 작은 집, 더 작은 집, 더 작은 집…. 줄이고 줄여서 살 수밖에 없는 거예요."

"좋은 대학 가라는 것도 우리가 없을 때, 부모가 죽었을 때도 아이가 괜찮게 살기를 원하는 그런 불안감 때문이잖아요. 아직까지 한국 사회에서는 가장 큰 전제조건이 학력이라고 믿기 때문이죠."

"내가 천년만년 사는 것도 아니고, 그래서 가장 걱정하는 게 뭐냐면 아이가 대학교를 나와도 독립을 못 하는 거, 그거죠. 아니면 나 스스로가 애를 독립 못 시키는 거. 자기 죽을 때까지 케어해야겠다는 생각을 갖고 있으니까 더 불안한 거죠."

'이 정도면 충분하다'는 온데간데없고, '부모라면 이 정도는 당연히 해야 하는 것 아니냐'만 가득한 세상이 된 것 같다. 그래서일까. 자녀들한테 더 많이 해주는 부모들이 자꾸 눈에 들어오고, 그런 이들을 볼 때마다 주눅도 든다. 나도 나름 부모 노릇하기 위해 최선을 다하고 있는데…. 그런데도 미안한 마음이 들고, 그래서 눈치가 보일 때도 있고…. 그렇게 또 조금씩 더 거리가 생긴다.

남들 다 한다는 당연한 부모 노릇을 못 하고 있나 싶을 때면 두려움마저 느껴진다. 그런 두려움이 화로 나타나기도 한다. 자식들 앞에서 지금 내 경제력이 대단치 못하고, 시간도 부족하고, 마음을 내기에는 나도 힘겹다는 것을 인정하기란 정말 쉽지 않다. 그래서 억지를 부리기도 한다. 자녀가 무얼 하자고 하면 '돈이 아까워서가 아니라 네가 쓸데없는 짓을 하는 것이기에 허락하지 않는 것'이라고 하고, 자녀가 어디 같이 가자고 하면 '시간을 못 내는 게 아니라 굳이 거기 갈 필요가 없기 때문'이라고 신경질을 내고, 심지어 자녀가 어떤 문제 때문에 힘들다고 하소연하면 '네 이야기를 들어주기 어려운 게 아니라, 네가 배가 불러서 쓸데없는 고민을 하는 것'이라고 쏘아붙이기도 한다. 그렇게 버럭 화를 내는 것으로 나의 두려움을 숨기는 것이다.

"배우자가 누구네 집 애는 학원을 세 개 다닌다고 하면, 저랑 같이 의논해보자는 뜻이겠죠. 그런데 그 순간에는 '네가 책임져' 이렇게 들려요. 그러니 짜증부터 나죠. '나보고 더 어떻게 하라고… 어디 가서 도둑질 해오냐? 새벽에 우유배달 할까?' 이렇게 반응하게 되는 거예요. 돈 나올 구멍이 없으니까."

마음은 더 잘해주고 싶은데, 못해주는 것 같아 속상한데, 그래서 무섭기까지 한데 겉으론 화부터 내는 것이다. 그런 모습은 배우자도 이해하지 못한다. 그러니 어린 자녀는 오죽할까? 결국에는 후회밖에 남는 게 없다. 화를 낸 게 진심이 아니라 내 안의 두려움을 피하다 불쑥 나온 것이니 말이다. 그래서 또 미안해 말을 못 하게 되고, 자녀와의 거리가 또 이만큼 벌어진다.

"지방에서 근무하다가 주말에 집에 들어갈 때는 기분이 좋아요. 이제 자유다, 가족들도 보니까 기분 좋다 하고. 그런데 집에 들어가면 얼마 못 가 짜증이 나요. 애들 방 정리도 안 되어 있고, 그래서 이래저래 말을 하면 애들은 왜 이렇게 간섭하냐고 해요. 목소리가 점점 올라가면 배우자도 너무 그러지 말라고 하고. 아이들은 문 닫아버리고. 애들 주려고 특산물 사서 집에 들어갈 때는 기분이 참 좋았는데, 그게 서너 시간 지나면 똑같아져 버리는 거예요. 그리고 주말 끝나면 새벽 4시에 KTX 타고 다시 내려가는데 우울해져요. 잘해줄걸, 다음엔 잘해줘야지…. 그런 일이 계속 반복돼요."

자녀들과의 관계가 사춘기 지나고 입시 전쟁도 끝나면 괜찮아질까? 나이 들어 자녀도 부모가 되면, 그제라도 부모 심정을 이해해줄까?

그런데 부모 자식 간이라도 하루아침에 서로에게 진솔해지기란 쉽지 않은 것 같다. 더 표현하고 잘 표현하려면 훈련과 노력이 필요하다. 나름대로 자녀와 잘 지내왔던 부모들도 막상 한 걸음, 아니 반걸음만 더 깊이 대화하려 해도 쉽지가 않다고 얘기하곤 한다.

"일하면서 아이 키웠는데, 다행히 어르신들이랑 주변 친척분들이 많이 도와주셨어요. 정말 사랑해주시고 잘 봐주셨죠. 회사에서도 틈틈이 배려해주고요. 아이도 성격이 밝고 재잘재잘 말도 많은 편이어서 아이한테 많이 미안해하지도 않았어요. 그냥 '부모는 부모 인생 살고, 너도 네 인생 살면 되지' 어릴 때부터 애한테 그럴 정도였죠. '너랑 시간은 많이 못 보내지만 우리도 최선을 다하고 있으니까 그렇게 알아' 하고요. 그런데 나이가 들다 보니 내가 너무 이기적으로 살고, 주변 사람들한 테 너무 못하고 산 게 아닐까 싶어지더라고요. 애한테도 내가 좀 더 잘해줄 수 있었는데 너무 못해줬나 싶고요. 애가 다 크고 나니 미안한 생각이 들었던 거죠. 지난번에 애랑 이런저런 얘 기 하다가, 애가 자기 사춘기 때 혼자 고민 많이 했었다고 그 러더라고요. 미안한 생각이 들었는데, 마음속으론 정말 미안 했는데, '야, 그럼 그때 얘기하지 왜 안 했어?' 이러고 말더라 고요. 제가."

부모는 늙을수록 자녀에게 마음을 더 열고 싶은데, 막상 마음처 럼 안 되는 순간에 직면하면 서글퍼진다. 부모 자식 간에도 노 력해야 된다고 생각은 하지만, 그게 잘 안 되는 것이다.

그런데 언제까지나 어린아이일 것만 같던 자녀들에게 이해와 위로를 받는 순간이 있다. 툭 던진 자녀들의 한마디에 울컥할 만큼 힘이 날 때가 있다. 회사 일이 바빠서 함께하지 못한다는 걸 이해해달라고 말하지도, 바라지도 않았는데 벌써 부모 마음을 알아줄 정도로 컸구나 싶은 순간이다.

"저희 회사는 외국계라서 한 달 전에 예고하고 프로젝트 딱 닫아버리면 팀이 공중 분해돼요. 사실 제가 하던 프로젝트가 올해 말에 끝날 거라는 이야기가 돌았어요. 두 팀이 동시에 다 날아간다고요. 배우자한테 얘기했는데…. 제가 하도 힘들어하니까 배우자가 애들한테도 이야기했나 봐요. 어느 날 가족 다 있을 때 배우자가 '그럼 여행 가면 되겠네'라고 이야기하더라고요. 그리고 제가 애들한테 집을 작게 옮겨야 할지도 모른다니까, 다 큰 녀석들이 '나는 엄마랑 아빠랑 같이 자는 거 좋은데?' 그러는 거예요. 그때 굉장히 힘이 나더라고요. 상황이 바뀐 건 하나도 없는데 '그래도 뭐 잘 되겠지' 하는 생각이 들었어요. 그리고 정말 내 옆에 내 편이 있구나 싶었어요."

"그 전에는 제가 아무리 이야기를 해도 반감밖에 안 갖는 것 같았어요. 근데 애들도 주변 사람들로부터 이런저런 이야기를 듣게 되니깐 그런지…. 그동안 제가 회사에서 지내왔던 부분에 대해 조금 더 이해를 하는 것 같더라고요."

내가 지지고 볶고 사는 게 남들 보기에는 어느 하나 특별할 것 없고 그래서 어디 가서 힘들다는 호소도 못 할 것처럼 느껴질 때, 내 자녀만큼은 그래도 부모가 나름 하루하루 인생을 멋지게 일궈가고 있다는 것을, 그래서 이렇게 바쁘고 고단하다는 것을 알아줄 때 행복감이 느껴진다.

그리고 부모님… 애잔함과 고마움은 갈수록 깊어지고

틈틈이 자식 노릇 해야지 마음을 먹지만, 충분히 잘하고 있다는 느낌을 받긴 어렵다. 회사에서 잘나간다고, 가정 화목하다고, 몸도 건강하니 걱정하실 것 하나 없다고 큰소리를 치고 싶은데, 부모님도 그런 이야기를 듣고 싶어 하는 것 같은데…. 사실 회사에는 골치 아픈 일투성이고, 가정에서도 때마다 고민거리들이 생겨나고, 언젠가부터 나도 누군가에게 의지하고 싶을 정도로 힘에 겨울 때도 있어서다.

"자식으로서의 모습을 자꾸 잃어가는 것 같아요. 부모님 찾아뵙는 시간도 점점 줄어들고요. 그게 느껴지면 뜨끔해요. 그래서 부모님이 '잘 있니?' 한마디 하시면 마음이 울려요. 힘들다는 얘기는 차마 못 하고 항상 잘 지낸다고 하고. 울분이 터지는 일도 부모님한테 얘기할 수 없으니까. 그래서 더 못 가고…."

한 해 두 해 나이가 들수록 자연스럽게 어떻게 하면 부모님이 더 행복해지실 수 있을까 고민하게 된다. 우리 부모님 때는 자식들한테 그저 밥만 잘 먹여주면 됐는데, 우린 왜 이렇게 하루가 다르게 변화하는 세상에 태어나 고생인가 싶을 때, 다시 생각해보면 우리 부모님도 최선을 다해 나를 키우셨구나 싶다. 그때는 정말 먹는 것이 문제였으니까 잘 먹이기 위해 최선을 다한 것이라고. 게다가 힘든 형편에도 공부시켜준 덕에 내가 이렇게 회사 잘 다니고 관리집급까지 오른 게 아니겠는가. 세대가 달라져 내용이 다른 것일 뿐, 항상 부모는 온 힘을 다해 자녀를 키우는 것이라는 생각이 든다.

이런 생각도 나이가 들고, 자식을 키워보고, 자식 때문에 속도 타보면서 더 깊어지는 것 같다. 가정을 꾸리고 사회생활을 하면서, 세상의 한계와 나 자신의 한계를 느끼게 되면서 '아, 내 부모도 한계를 가진 한 인간이었구나!' 느껴지는 순간, 어릴 때 종종 했던 부모에 대한 원망이나 아쉬움이 점차 애잔함과 고마움으로 바뀐다.

"어렸을 때 여유롭고 넉넉하게 크지를 못했어요. 그래서인지 제 기준에는 지금 우리 가족들이 다 잘된 것 같아요. 사춘기 시절, 대학 시절 경제적으로 어렵고 불안했던 시기에 가족들이 같이 많이 고민하고 그 시간을 잘 견딘 대가로, 상대적으로 지금 그 보상을 받고 있다고 생각해요. 나이가 들수록 더욱 그래요. 그러면서 부모님께 더 잘해야겠다고 생각하죠. 생신이거나 명절이거나 그럴 때 모여서 시간을 보내고 싶어지고 그래요."

"최근에 느낀 것 중에 하나가… 부모님께 참 감사하다는 거예요. 나를 이렇게 검소하게 키워주셔서, 돈이 많으나 적으나 스트레스받지 않고 별문제 없이 살 수 있다고 말이죠. 짜증 잘 내시는 아버지 덕에 나는 이렇게 느긋한 성격이 된 것 같기도 하고요. 그렇게 자꾸 부모님 생각을 많이 하게 되더라고요. 그 감사함을 돌려드리고 싶어서 이런저런 방법도 생각해보게 돼요."

진심으로 자식 노릇 하고 싶은 순간이 온 것이다. 부모님도 연로해지면서 자식에게 점차 의지하고 싶어 하신다. 그러니 기대에 부응하는 든든한 자식이고 싶은 마음이 더욱 커진다. 든든한 자식이 된다는 게 어렵거나 비현실적인 소망도 아니다. 부모님이 자식에게 뭔가 어마어마한 것을 바라는 게 아니기 때문이다.

가족이란 버팀목과
함께 서다

지금 이 순간에도 수많은 관리직이 가족에게서 힘을 얻고, 그렇게 얻은 힘으로 힘든 직장생활을 이겨내고 가족들을 위해 일을 하고 있다.

물론 언제나 행복하고 만족스럽다고 말한 이들은 없었다. 가정에서 어떻게 더 잘 지낼 생각인지, 직장과 가정 사이에서 어떻게 행복의 균형을 맞춰가려는지 질문했을 때도 마찬가지였다. 어떤 부분은 참 어렵지만, 어떤 부분은 애를 쓴 만큼 괜찮은 것 같다고 했고, 어떤 것은 후회가 되고, 어떤 것은 잘했지 싶다고 했다. 결국 '직장과 가정' 두 공간이 삶의 대부분을 차지한다고 해도 과언이 아닌 그들에게 행복의 노하우 역시 공통되는 부분도 있고, 때로는 전혀 다른 부분도 있었다.

직장과 가정은 서로가 서로에게 많은 영향을 끼친다. 직장과 가정에서 오랜 시간을 보낸 만큼 은연중에 서로가 서로를 바라보게 하고(직장에서의 나와 집에서의 나는 어떤 것이 같고 어떤 것이 다른가?), 어떻게 해야 할지(직장에서처럼 해야 할 것과 직장에서처럼 하지 말아야 할 것은 무엇인가?) 아이디어를 제공해주기 때문일 것이다.

역할 분담은 유연하게

관리직급은 상황에 따라 다양한 일을 처리하는 사람이다. 팀원들이 다들 너무 바쁘면 일의 가볍고 무거움을 따지지 않고 내가 대신 해줄 때도 있고, CEO가 결정할 일을 내가 미리 걱정할 때도 있다.

당연히 가정에서도 다양한 역할을 맡아야 한다. 그런데 '누구는 이런 역할, 누구는 이런 역할'로 자신의 역할이 고정되어 있다고 착각하는 사람이 드물지 않다. 그저 나는 남자니까, 나는 여자니까, 부모니까, 자식이니까 하는 식으로 관습적으로 부여된 역할에 얽매여 바꿀 생각을 하지 않는다.

회사에서의 나 같으면 관리자로서 이런 비효율을 대번에 알아채고, 필요하다면 팀원의 역할을 바꿔줄 것이다. A를 잘하는 사람은 A를 하게 하고, B에 관심을 가진 사람은 B를 하게 하고. 그런데 가정에서는 이런 역할 바꾸기가 쉽지 않다. 하지만 밖에서 돈을 벌어와야 하는 역할을 가진 사람이 만약 역할을 하지 못하면, 가정에서 그의 역할과 기여는 거기서 끝이 나는 것일까? 위로와 격려의 말을 하는 사람과 쓴소리를 하는 사람을 정확히 나누어 서로의 영역을 침범해서는 안 된다면, 이것이 과연 옳은 일일까? 언제든 돌봄을 받아야 하는 사람이 있고, 어떤 상황이든 무조건 돌봄을 제공해야 하는 사람이 있다면? 항상 힘을 보태야 하는 사람이 있고, 항상 징징대도 되는 사람이 있다면, 그건 좋은 것일까? 효과적인 것일까?

"아이가 좋은 대학 가려면, 할아버지의 재력과 엄마의 정보력과 아빠의 무관심이 있어야 한다고 하잖아요. 그 말 정말 누가 만들었는지 원망 많이 했어요. 우리 부부는 그 말을 정말 열심히 실천했거든요. 할아버지의 재력은 없으니, 나머지 두 개라도 열심히 하려고 한 거죠. 한 명은 정보를 도맡아 알아보고, 다른 한 명은 돈만 벌어오면서 애한테 말도 안 시켰어요. 그런데 애가 수능을 예상 외로 못 본 거예요. 한 가지 진로만 생각했는데 그게 어긋난 거죠. 그래서 모두 멘붕이 왔어요. 그때부터 설명회 따라다니면서 같이 공부하고, 같이 알아보고. 서로 용어 몰라서 싸우더라도 같이 했어요. 애들 교육에 대해서 한 명은 아웃사이더가 되라는 건 정말 좋은 방법이 아니에요. 도 대체 그 말을 누가 만든 거예요? 지금 생각해보니 학교나 진로 선택하는 데 부부가 같이 노력했으면 좀더 수월하지 않았을까, 부모가 각각 다른 도움을 주어서 결국 더 잘 도와줄 수 있지 않았을까 싶어요."

물론 가정에서 내가 꼭 맡아야 하는 일이 있겠지만, 어떤 일이든 하다 보면 어려움이 생기기도 하는 게 인생이다. 그럴 때 가족에게 말할 수 있어야 하고, 누군가 역할을 대신해주기도 해야 한다. 직장에서 그러는 것처럼 상황에 맞춰 유연성을 발휘해야 한다. 또 스스로도 필요하다면 새로운 것을 읽히고, 기존의 습관을 벗어버리는 용기도 내야 한다.

유연성 키우기

사실 지금 이 책을 읽고 있는 분들은 이미 상당한 유연성을 겸비했을 가능성이 높다. 이런 책에 관심을 가진다는 것 자체가 눈앞의 환경에 끌려다니기보다는 어떻게 하면 더 행복해질 수 있을까를 고민하고, 한 걸음 한 걸음 실천한다는 증거이기 때문이다.

이쯤에서 보다 유연해지는 또 다른 한 걸음을 소개하고자 한다. 그것은 바로 가정에서 지금까지 한 번도 하지 않았던 일을 찾아내고, 직접 해보는 것이다.

언젠가 TV 프로그램에서 암벽 타기나 스카이다이빙 같은 익사이팅 스포츠를 즐기는 사람의 인터뷰를 보았는데, 그 사람의 말이 참 인상적이었다. 그는 해마다 생일이 되면 '내 평생에 한 번도 해보지 않은 일'을 한다고 했다. 그렇게 스스로 생일을 축하하고 기념한다고. 그래서 매년 특별한 생일을 맞이한다고. 아마 그도 매번 익사이팅한 일만 찾아다니지는 않을 것이다. 아주 사소한 것이라도, 누구나 이미 하고 있는 것이라도, 지금까지 한 번도 안 해본 무언가를 발견하고 시도하는 것이 참 즐거웠을 것이다. 그런 시도들이 모여 삶을 더욱 풍요롭게 하고, 스스로를 더 자신감 있게 활기차게 만들어줄 테니까.

가정에도 그런 일들이 있다. 꼭 귀찮거나 힘들어서가 아니라, 그냥 내 일이 아니라고 생각해서 하지 않았던 일들. 어떤 일들이 있을까? 이번에는 그 일을 내가 한번 해보는 것은 어떨까? 나에게도, 그리고 그 일을 도맡아왔던 가족 누군가에게도 재미있는 일이 되지 않을까?

- 가끔 가족이 다 같이 라면을 먹을 때, 항상 배우자가 라면을 끓였는가?
- 일부러 피한 건 절대 아닌데, 자녀의 교복을 다려본 적이 한 번도 없는가?
- 화장실 등을 갈아본 적이 있는가? 또는 화장실의 두루마리 휴지를 채워놓아 본 적은?
- 전자제품이 고장 났을 때 A/S 센터에 전화해본 적이 있는가?
- 세차나 자동차 오일 점검 같은 일을 해본 적 있는가?

다시 한 번 강조하지만, 일부러 다른 사람에게 미룬 것이 아닐 수 있다. 상대방이 훨씬 잘해서 또는 상대방이 그것을 좋아해서 내가 하고 싶은데 참은 것일 수도 있다. 하지만 아무리 좋아하는 일이라 해도 당연한 자기 일이 되면, 어느새 재미가 사라지고 때로는 억울함도 느껴진다. 그러니 이제 그 일을 내가 해보는 건 어떨까?

단, 주의할 점이 있다. 난생처음 한 번 해보고는 지금껏 해온 가족 앞에서 너무 큰소리치지는 말자. '해보니 별거 아니네, 뭐' 라는 말보다는 '이게 결코 만만한 게 아니네. 그동안 애썼네, 고마워' 라고 하자. 그럴 때 가족으로부터 당신이 진짜 원하던 반응을 얻게 될 것이다. 확실하다.

그동안 내가 가정에서 한 번도 해보지 않았던 일은?

_____

_____

_____

_____

지금 당장 이런저런 집안일을 다 하라는 게 아니다. 이렇게 잘만 하는
걸 그동안 왜 안 했느냐고 따지자는 것도 결코 아니다.

이것은 너의 일, 저것은 나의 일이라고 굳어졌던 역할 분담에서 조금
벗어나 보자는 것이다. 그래야 나도 필요할 때 가족에게 부탁하고, 가
족도 나에게 부탁하는 일이 편해질 테니까 말이다.

결국 우리 부부 모두 함께 행복하길 바란다는 것.
각자 다른 방식으로 애를 쓰고 있지만
그 근본적인 마음은 같다는 것.

대화 많은 부부보다 비밀 많은 부부

"회사나 집이나 문제를 해결하는 능력은 같아요. 그런데 회사에서
 하던 버릇을 집에 가서 하면 100퍼센트 문제 생기죠. 큰일 나요."

회사에서처럼만 하면 집에서도 문제없겠다 싶은 것도 있지만,
그렇게 하면 안 되는 것도 있다. 특히 눈에 보이는 성과가 아닌,
정서적인 친밀감 자체가 중요한 문제에서 더욱 그렇다. 결과가
중요한 게 아니라 순간순간의 과정이 핵심일 때 말이다.

 부부 사이는 회사에서처럼 했다가는 혼쭐나는 대표적인 관계
다. 그만큼 다른 어떤 관계로도 대체하기 어려운 힘과 의지를
서로에게 나누어줄 수 있는 관계이기에 맞춤형 노하우가 중요
하다.

 흔히들 그저 대화가 많은 부부가 최고라고 생각한다. 회사에
서는 속내를 숨기고 의견을 포장해야 할 때가 있지만, 배우자한
테만큼은 있는 그대로 다 이야기하는 것이 정신건강을 지켜내
는 데 이로울 거라 보기 때문이다.

 그런데 방법론으로 들어가서 구체적으로 어떻게 하라는 걸
까? 어디까지 말해야 할까? 무엇이든 다 말해도 되는 걸까? 결
론은 어떤 한 영역에서만큼은 아주 솔직한 대화가 있어야 한다

는 것이다. 모든 것을 이야기할 필요도 없고, 반드시 어떤 주제여야 할 필요도 없다. '지금부터 모든 것을 솔직하게 털어놓자'가 아니라, 그래도 속 시원하게 내 의견과 감정을 펼칠 수 있는 영역이 한 개라도 있어야 한다는 뜻이다. 회사 이야기가 되었든, 자녀 문제가 되었든, 취미생활에 대한 것이든, 사회나 경제에 대한 것이든, 지금 한창 보는 TV 프로그램이 되었든 말이다.

하나의 주제만큼은 '배우자가 내 말을 안 들어주면 어쩌나', '이상하게 받아들이면 어쩌나', '괜히 잔소리만 듣는 것 아닌가', '싸움 나는 거 아닌가' 하는 염려 없이 편하게 이야기 나눌 수 있어야 한다. 그래야 부부간에 편안함을 주고 신뢰를 나누는 '시크릿 타임Secret Time'이 만들어진다.

"팀원들한테도 얘기하지 못하는 비밀들, 예를 들어 저성과자 명단이 내려오거나 그러면 솔직히 되게 힘들거든요. 그때 배우자한테 이야기해요."

"애들을 어떻게 키워야 할지 많이 얘기해요. 아이 성격이나 기질에서 보이는 모습으로 얘는 어떻게 살까 궁금해하는 거죠. 어떤 기질을 잘 관리해서 좋은 아이로 키울까 이런 생각을 많이 하고 많이 얘기 나누죠."

"노후 준비 단계에서 비밀을 털어놓아야 해요. 배우자나 내가 가지고 있던 비밀을 없애야겠더라고요. 내가 꼬불쳐뒀던 비자금이나 지금 회사에서 내 위치나 상황 같은 것을 알아야 노후를 같이 가지, 서로 오해가 생기면 같이 못 간다고 생각해요. 퇴직하면 갑자기 도태될 수 있는데, 그러기 전에 비밀을 털어놓고…. 그래서 최근에 노후 준비한다고 투자했던 거 얘기했어요."

"가끔 자랑을 합니다. '내가 오늘 김 부장한테 깨지긴 했지만 지난번에 등산할 때 보니까 힘을 못 쓰더만. 그 인간은 뭐 그것도 제대로 못 하냐?' 하는 식으로요. 그런 과정에서 자존감을 찾아가고, 그거를 또 배우자가 맞장구쳐주고 하는 거죠."

부부는 오늘도 시크릿 타임을 만들어본다. 어떤 이야기를 나눌까 생각하다 보면 나눌 수 있는 주제가 점점 많아지고, 그러다 보면 신뢰가 쌓인다. 반드시 회사 이야기만 할 필요는 없다. 다만 내 입장에선 관리직급으로서 회사생활이 주요 관심사이고, 배우자의 행동 하나하나를 직접 판단하거나 비난하지 않으면서도 깊은 감정을 나눌 만한 주제이기에 좋은 시작점이 된다. 어떤 주제든 솔직한 대화를 통해 '이해받고 공감하는 경험'이 반복되면, 그러한 경험이 여러 영역으로 확장되고 깊이도 더 깊어진다.

"분양받아서 아파트 입주했거든요. 프리미엄이 상당히 붙었죠. 어느 날 배우자랑 엘리베이터를 탔는데 집에 들어가면서 기가 죽는다는 거예요. '왜 기죽어?' 그랬더니 우리는 9층인데 18층 누르는 사람들 보면 기가 죽는대요. '18층이 왜?' 그랬더니 '괜히 그래. 우리는 이렇게 9층이고 그 사람은 큰 평수 로열층이잖아' 하는 거예요. 그 얘기 듣고 난 뒤에는 나도 가끔 위층으로 올라가는 사람 만나면 그 생각이 순간적으로 드는 거예요. 거꾸로 우리 밑에 저층 누르는 사람들 보면 내가 괜히 또 으슥해지는 것 같고. '아, 사람의 욕심이란 끝이 없구나!' 했죠. 저도 예전에는 어느 정도 되면 더 이상 신경 쓸 필요가 있겠냐고 생각했어요. 그런데 막상 이렇게 닥치니까 뭐라는 사람 아무도 없는데, 혼자 괜히 주눅이 들기도 해요. 저 사람은 45평인데, 나는 37평이네 하고…. 그러니까 즐기지를 못할 수밖에요. 배우자하고 그저께 저녁때 밖에서 식사하고 산책하면서 이 이야기를 했어요. '이렇게 좋은 아파트 기적이지 않냐? 둘이서 아등바등 살았는데…. 그런데 왜 우리는 이걸 못 즐기지?' 했어요. 10억짜리 넘는 아파트에 입주했으면서 왜 그 분위기를 못 즐겨요? 굉장히 시설 좋거든요. 진짜 즐겨야 하는데 '우리는 아무래도 저기 구시가지 수준인가 보다' 하고 웃으면서 그런 이야기를 했어요."

시크릿 타임

배우자에게 편안하고 솔직하게 말할 수 있었던 주제를 생각해보자. 부부간에 '회의'를 한 것이 아니라 '수다를 떨었다' 싶은 이야기가 무엇이었는지 떠올려보자. 우리 가족과는 전혀 상관없는 이야기도 괜찮고, 아주 사소하거나 시답잖은 주제라도 전혀 문제없다.

- 팀원 인사 문제
- CEO의 장단점
- 부부동반 모임 후 다른 참여자들에 대한 이야기
- 부부 둘 다 좋아하는 가수나 노래
- 최근 본 영화나 드라마
- 최근 유행하는 건강관리 비법
- 산책로 탐방 계획
- 맛집 탐방 계획

　　아무에게도 말할 수 없었던 진심

지금 당장 떠오르지 않는다 해서 없다고 단정하지는 말자. 사실 시크릿 타임이 되는 이야기는 부부 모두에게 편안한 기분을 주기 때문에, 오히려 기억에 오래 남지 않을 수 있다. 그래서 쉽게 떠오르지 않는 것이다.

어떤 이야기를 할 때 가장 활발하게 대화가 오가고, 눈이 많이 마주치는지 관찰해보자. 그래도 모르겠다면 배우자에게 한번 물어보자. "당신은 나랑 무슨 이야기 할 때가 제일 재미있어?"라고 말이다. 지금 바로 문자 메시지나 SNS로 보내보자. 질문을 보내는 지금 이 시간도 시크릿 타임이 될 수 있다.

나는 배우자가 (　)할 때 상처 입는다

배우자에게 정말 솔직하게 말했는데, 노력하고 시도도 해봤는데 잘 안 될 때, 오히려 자꾸 싸우게 될 때 더욱 실망감이 들 수도 있다. 그러면 아예 입을 다물어버리거나 엉뚱한 곳에 화를 터뜨리기도 한다. 이처럼 답보 상태에 있는 것 같을 때, 인위적인 모범 답안을 따라 해보는 것도 괜찮다. 내 스타일대로 해서 뭔가 틀어지는 것일 수도 있으니까.

부부를 대상으로 하는 심리치료에서는 이를 단순히 부부간의 상호작용 문제로만 바라보지 않는다. 양가 부모님의 성향, 양육 환경, 부모님과의 관계, 어릴 적 가정에서 받았던 상처, 여러 대인관계에서 받은 상처 등이 현재의 관계에 영향을 주기 때문이다.

이런 다양한 요인으로 각자 취약한 부분들이 있는데, 배우자가 그 지점을 건드리면 눈앞의 배우자와 싸우는 게 아니라 자기 안의 상처받는 나와 맹렬히 싸우게 된다. 당연히 눈앞의 배우자가 무엇을 해도 문제는 해결되지 않는다. 그렇게 상처만 주고받게 된다.

그렇다면 전적으로 개인의 문제니 혼자 해결해야 할까? 부부라면 문제를 극복할 수 있도록 힘이 되어주어야 한다. 서로에게 어떤 취약점이 있는지 살펴 심정을 헤아려줘야 한다. 스스로도 자신의 취약한 면을 찾아보고, 상대에게 설명해 이해를 구해야 한다. 이렇게 서로가 서로에게 '너는 그렇게 나쁜 사람이 아니야', '너는 필요 없는 존재가 아니야', '너는 사랑받을 만해'라는 메시지를 지속적으로 주고받는 것이다. 그럴 때 진정으로 한 팀이 될 수 있다.

부부간에 솔직한 대화가 어렵다면, 내 안에 무엇이 숨어 있는지 찾아보자. 다음의 질문이 도움이 될 것이다. 스토리펀딩 〈알랭 드 보통에게 사랑 이후를 묻다〉 중에서 제시된 항목을 차용하여 이 주제에 맞게 만든 질문이다.

- 나는 배우자가 ＿＿＿＿＿＿＿＿＿＿＿＿＿ 때 상처를 입는다.
- 나는 싸울 때 겉으로는 ＿＿＿＿＿ 해 보이지만, 속으로는 ＿＿＿＿＿한다.
- 나는 어려움이 생겼을 때 ＿＿＿＿＿＿＿＿＿ 하는 경향이 있다.
- 나는 다른 사람들이 나를 ＿＿＿＿＿＿＿＿ 라고 생각할까 봐 두렵다.
- 나는 우리 부모님이 ＿＿＿＿＿＿＿＿＿ 할 때 가장 슬펐다.
- 나는 내 자녀가 나를 ＿＿＿＿＿＿＿＿ 라고 비난할까 봐 무섭다.

질문에 솔직히 답한다고 억눌려 있던 감정이 회복되고, 갑자기 부부 간에 솔직한 대화가 가능해지는 것은 아니다. 오히려 순간적인 감정 이 올라와 엉뚱한 곳에 화풀이를 할 수 있다. 하지만 이런 과정을 통 해 "여보, 나는 이런 것이 참 나를 힘들게 해, 그래서 당신이 이럴 때 내가 특히 예민해지나 봐" 하고 말할 수 있어야 한다. 배우자에게도 "당신은 어때? 내가 당신에 대해 특별히 알아주고, 이것만큼은 조금 더 참아주고 너그럽게 넘어가 주길 바라는 게 있어?"라고 물어볼 수 있어야 한다.

* * *

"사람마다 소위 '미치게 하는' 어떤 영역이 있잖아요. 저는 배우자가 '네가 말한 길로 갔더니 완전 막히네'라는 말을 했을 때, 미치게 분노 했어요. 어릴 적부터 꾸어왔던 악몽도 내가 뭔가 잘못을 저질러서 문 제가 커지는 상황이었거든요. 어릴 때 부모님께는 문제만 없이 크라 는 이야기를 늘 들었고, 연애를 할 때도 많이 준비하고 조심했어요. '죄책감'이 드는 상황을 애초에 만들지 않기 위해서 말이죠.
그에 비해 제 배우자는 '억울함'이 느껴지는 순간 가슴이 답답하고 눈물이 북받친다고 하더라고요. 자신의 행동이 자신은 전혀 생각하지 못한 나쁜 의도로 해석될 때 말이죠. 어릴 적에 부모님 중 한쪽이 다 른 쪽을 일방적으로 억누르는 모습을 늘 보았다고 해요. 어린아이 눈 에도 당하는 쪽이 너무 억울해 보였다고 하더라고요. 속수무책으로 당하기만 할 뿐 효과적으로 대처하는 것을 본 적이 없다고요. 그래선 지 우리 부부 사이에서도 뭔가 억울하게 오해를 받는 것 같은 상황이 되면 난리가 나곤 했어요. 저는 '지금 나를 비난하는 거야?' 라고 따지고, 배우자는 '나는 그런 의도가 전혀 없었는데 왜 펄쩍 뛰고 그래?' 하고 따지고. 그렇게 싸움이 되더라고요.

각자 더 깊은 곳에 또 무엇이 있는지는 확신할 수 없죠. 하지만 우리가 서로 여기까지 이해하는 데 10년이 걸렸어요. 나머지 부분은 아마 평생 모를지도 모르죠. 하지만 이제는 크게 싸울 때, 특히 반복되는 문제가 있을 때마다 '나는 왜 이 상황에서 화가 났을까' 를 생각해보곤 해요. 그것이 참 괴롭고 힘들고 버거웠기에 10년이라는 시간이 걸렸지만요. 그래도 조금씩 더 깊게 생각을 해보고 있어요. 일단 상대방 탓만 하는 것을 멈추고요."

집에서도 보고 받을 건가?

"제 부모님도, 우리 세대 부모님 대부분과 비슷하셨어요. 특히 아버지가 그랬죠. 새벽같이 나가셔서 밤늦게 오셨어요. 집은 TV를 보거나 잠을 자며 쉬는 곳이었죠. 여가는 주로 친구나 동료들과 함께하셨어요. 요즘 어떤 고민이 있는지, 기분은 어떤지에 대한 질문을 받아본 적이 없어요. 고맙다거나 미안하다거나 사랑한다는 이야기를… 들어본 적이 있었을까? 기억이 나지 않네요. 가끔 건강이나 공부에 대해 물으시긴 했지만. 특히 사춘기 때는 아버지가 어색하고 너무 어려웠어요.

하지만 제게도 아버지와 관련된 하나의 소중한 기억이 있습니다. 아버지가 저를 진심으로 아끼신다는 것을, 사랑하신다는 것을 확신하게 된 한 장면인데요. 저는 어릴 적 차만 타면 멀미를 했어요. 그래서 먼 곳으로 나들이를 가거나 시골에 갈 때면, 차에서 완전 녹초가 되었죠. 가족들이 많이 안쓰러워했지만 어린 마음에도 그 순간만큼은 이 고통이 오직 내 것이구나, 결국 나 혼자 참아내야 하는구나 하고 느꼈다니까요. 외로움도 느꼈어요.

언젠가 가족들과 버스를 타고 어딘가를 가는 길이었는데, 어김없이 멀미를 했죠. 자리가 나서 아버지가 저를 품에 안고 앉

으셨는데, 그때 아버지가 저를 정말 꼭 안아주셨어요. 아무 말 없이 꼭 안아주셨죠. 그러니까 정말 버스의 흔들림이 덜 느껴졌어요. 흔들림을 덜 느끼게 하려는 아버지의 힘도 느껴졌고요. 진짜 멀미가 덜 났어요. 그때 정말 어렸는데도, '아… 이 힘든 순간을 혼자만 견뎌야 하는 것이 아니구나!' 하고 느꼈어요. '아빠가 나를 이렇게 도와주고 있구나' 라는 것도요. 그 순간 외롭지 않았어요. 정말 든든하고 따뜻했어요. 그 장면은 지금도 저를 행복하게 해요. 그 순간만 떠올리면 지금도 눈물이 나요. 아버지는 그날을 그 순간을 기억하실까요? 아마 모르실 거예요. 저를 위하셨던 수많은 시간 중에 하나일 테니까요."

부모와 자녀 사이는 가장 가까운 사이이지만, 어떻게 하느냐에 따라 가장 먼 사이가 될 수도 있다. 나는 자녀와 어떤 관계일까? 자녀는 단순히 보고하는 존재고, 나는 모니터링하고 코칭하고 결재하는 사이로 지내지는 않았나?

자녀들과의 관계에서 어느 정도 자신감을 보이는 사람들은 대개 목적이 아주 단순하다. 바로 '함께 시간을 보내는 것' 자체가 목적이다. '요즘 부모들은 자녀하고도 친구처럼 잘 지내야 하니까' 도 아니고, '자녀와 의미 있는 경험을 하기 위해서' 도 아니며, 심지어 '사이가 좋아지기 위해서' 도 아니다. 그냥 같이 시간을 보내는 것 외에는 생각하지 않는다.

"애랑 굉장히 데면데면해요. 문제는 저도 스킬이 별로 없다는 거죠. 놀아 버릇해야 어떻게 노는지 알잖아요. 그걸 잘 모르니까. 그나마 게임할 때는 죽이 잘 맞는 것 같아요."

"큰 애가 토익 공부를 하는데, 그거 이야기할 때만 대화가 돼요. 둘째는 운동을 좋아해서 운동 이야기 하면 끝까지 하고."

"애가 요즘 당구를 열심히 배우고 있는데 제가 당구를 치다 보니까 그 이야기 할 때 잠깐 의사소통이 돼요."

자녀와 관계를 개선하고자 한다면 많이 놀아주는 게 최고다. 아이가 무엇을 잘 해냈고, 어떻게 달라졌는지 평가하려 들면 '꼰대' 소리 듣기 딱일 뿐 아니라 앞으로는 함께 놀려고 하지도 않게 된다. 시간이 허락하는 한 함께 놀아주고 그 시간에 아이가 잘 놀았는지만 보면 된다. 잘 놀았으면 된 것이다.

자녀와 함께 시간을 보내는 자체에 숨어 있는 힘을 믿어보자. 그 시간을 통해 무언가를 이루고, 더 발전해야만 하는 게 아니다. 구체적으로 무엇을 할지, 이 시간이 어떤 의미가 될지, 주변에서 어떻게 평가할지, 내게 충분한 스킬이 있는지 아닌지는 부차적인 문제밖에 되지 않는다. 서로 같이 있으면 된 것이다. 그뿐이다. 무언가를 잘할 필요도 없고, 좋은 무언가를 느낄 필요도 없다. 내가 내 아들딸과 시간을 보내는 터에 성과표를 작성해서 보고할 것도 아니잖은가.

놀이의 힘, 테라플레이

아동을 위한 심리치료 중 '놀이 치료play therapy' 라는 것이 있다. 놀이를 통해 아동의 신체 발달이나 언어 발달, 정서나 사회성 발달을 촉진하고, 부모와의 상호작용과 친밀감을 높이기도 한다. 하지만 보다 최근에는 이와 비슷하면서 반대개념이기도 한 '테라플레이theraplay' 가 제안되고 있다. 이는 무언가를 발달시키고, 무언가를 얻기 위해 놀이를 활용하는 게 아니라 놀이 자체의 힘을 믿는 것이다. 즉, 놀이 자체가 목적이고 효과는 덤이다.

자녀와 놀아보자. 무엇을 할지는 그때그때 상황에 맡기고 그냥 함께 있는 시간을 즐겨보자. 혹 어색해질까, 괜히 말 잘못 걸었다가 마음만 상할까 걱정이라면 최근 자녀와 기분 나쁘지 않게 주고받았던 이야기가 뭐였는지 생각해보자. 그 이야기를 꺼내보는 것이다. 최근 자녀가 어떤 것에 관심을 가지는지 떠올려보는 것도 좋다. 아무것도 떠오르지 않는다면 직접 물어봐도 된다.

자녀와 보내는 시간이 한참 갈지 몇 분 만에 끝날지, 기분이 좋을지 나쁠지 같은 걱정은 내려놓고 일단 자녀와 함께 있어 보자.

무언가를 얻기 위해서가 아니라 진심으로 함께 있고자 하는 것이라면, 부모가 자녀와 함께 있는 시간 자체를 소중하게 여기고 즐거워한다면, 자녀도 부모의 마음을 알아준다. 우리 부모님이 나랑 함께 있고 싶어서 이러는 거라고, 나랑 있는 게 좋은 거라고, 그냥 내가 좋은 거라고 금세 알아챈다. 나아가 내가 어떤 것을 잘해서 사랑받는 것이 아니라, 나는 존재만으로 소중한 사람이구나 하고 느끼게 된다. 자녀의 자존감이 자연스레 높아진다.

이번 주, 나와 내 자녀의 놀이 시간은?

_____

_____

_____

요즘 잘 지내?

자녀가 한창 예민할 때인가? 그렇다면 찬바람이 쌩쌩 부는 것 같아 다가서기도 힘들 것이다. 문제는 그때가 사실은 자녀에게 가장 도움이 필요한 때라는 것이다.

미국 플로리다 주립대학교의 토머스 조이너Thomas Joiner 교수는 꽤 심각한 정신건강 문제에서도 '타인과의 단절과 소속감의 부족'이 핵심 문제라고 지적했다. 이들에게는 대단히 전문적이거나 거창하거나 원인을 꿰뚫는 복잡한 질문을 하기보다는 단순하지만 진실한 말이 중요하다고 한다.

비슷한 예로 호주에서는 'RUOK'라는 캠페인을 벌이고 있는데, 이는 주위 사람들에게 "요즘 잘 지내Are You OK?"라고 간단한 질문을 던지는 것이다. 간단한 안부 인사를 나누는 것만으로도 충분히 의미 있는 대화를 나눌 수 있기 때문이다. RUOK 캠페인은 회사나 학교에서 서로의 안부를 묻는 데서 출발해 차를 한잔 들고 가서 이웃에게 안부 인사를 하고, 멀리 계시는 부모님께 안부 카드를 보내는 릴레이 운동으로 이어지고 있다.

부모와 자녀 간에도 이렇게 종종 진심으로 서로의 안부를 묻는 게 중요하다. 문제는 우리에게 가장 훈련이 덜 된 부분이라는 점이다. 실제 우리나라 TV 드라마들만 봐도 부모가 자식을 크게 걱정할 때조차 어깨만 두드리는 식으로 표현된다. 그러니 출근하는 부모에게 자녀가 "요즘 어떠세요? 많이 힘드시죠?"라고 묻는다면 아마도 대부분은 멈칫대며 당황한 표정을 지을 것이다.

내가 자녀보다는 어른이니까 빠르게 해답을 찾아 제시해야 한다는 생각만 내려놓을 수 있다면, '누구나 다 그래', '우리 때는 더 그랬어' 라는 말만 하지 않는다면 한번 시도해볼 만하지 않을까?

누군가 내 이야기에 귀 기울여 줬으면 좋겠다.

4장

그들이 속한
사회

삶을 풍성하게 하는
3-2-1 프로젝트

중년의 관리직급 직장인에게는 직장과 가족 못지않게 중요한 영역이 있다. 바로 친구와 커뮤니티(공동체)가 있는, 즉 그들이 속한 사회라는 영역이다.

우리는 살아가면서 누군가와는 깊고 친밀한 사이로 많은 시간을 함께 보내지만, 그보다는 적은 시간을 보내는 이들과도 꾸준히 인연을 이어간다. 이를 심리학에서는 Strong Ties(긴밀한 유대)와 Weak Ties(느슨한 유대)로 구분하기도 한다. 서구 문화에서는 대개 가족과 연인, 친한 친구를 긴밀한 유대라 하고, 학교 동기나 직장 동료, 이웃 등의 지인들을 느슨한 유대로 본다.

이런 구분과 관련하여 꾸준히 확인되고 있는 흥미로운 연구 결과는 긴밀한 유대 못지않게 느슨한 유대도 개개인의 행복에 상당한 영향을 준다는 것이다. 잠깐 만나 상호작용하는 게 전부지만, 동네에 새로 생긴 맛집이나 믿을 만한 자동차 정비소는 물론 법이나 의료 등 때마침 필요한 전문지식을 얻게 되는 경우도 많고, 실제적인 도움을 받을 수도 있으며, 반가운 인사나 가벼운 대화, 서로에 대한 칭찬과 격려를 통해 긍정적인 기분을 느낄 수 있기 때문이다. 평소 생활에서 공유하는 게 적은 만큼 오히려 새로운 자극과 시각을 제공할 수 있다. 코 박고 있던 세상에서 고개를 돌려 조금 떨어져 있던 것들을 보게 되는 것과 유사한 경험인 셈이다. 조금은 낯설지만 그래서 흥미롭고 꽤 유익한.

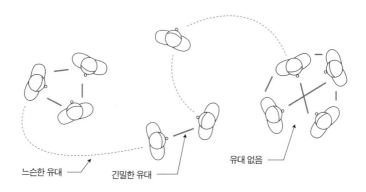

느슨한 유대 →   긴밀한 유대 →   유대 없음 →

우리나라 중년의 직장인들에게 느슨한 유대는 누구일까? 서구 문화와는 달리 가족보다 더 많은 시간을 보내는 직장 동료들은 긴밀한 유대로 넣어야 할 테니 1년에 한두 번 볼까 말까 한, 연말 동문회나 동기모임에 나가야 만날 수 있는 친구가 느슨한 유대에 속하지 않을까 싶다. 실제로 인터뷰를 진행한 대부분의 관리직급이 '친구'에 대해 물었을 때, 현재 많은 것을 '함께하는' 누군가보다 예전에 많은 것을 '함께했던' 누군가를 떠올렸다.

우리나라 관리직급 중년 직장인들에 초점을 맞춘 이 책에서는 학창 시절 또는 사회생활 초기에 인연을 맺은 친구들과 취미나 여가생활 중에 만난 사람들이나 이웃, 즉 내가 속한 다양한 커뮤니티의 지인들을 느슨한 유대로 보고자 한다. 그리고 그들과 잘 연결되는 것이 왜 중요한지, 어떻게 하면 잘 연결될 수 있는지에 대해 이야기해보고자 한다.

이 장은 앞선 장들과 달리, 목적이 처음부터 꽤 직접적이고 명확하다. 3-2-1 프로젝트(친구 3명-커뮤니티 2개-기부 1회)를 해보는 것이다. 이 프로젝트는 반드시 새로운 친구를 사귀거나, 새로운 커뮤니티를 만들거나, 기부를 시작하게 하는 데 목적이 있지 않다. 그보다는 이미 알고 있던, 이미 관련됐던 것들을 다시금 새겨보고 다시 연결되어보고자 하는 것에 가깝다. 한마디로, 새겨봄과 재연결appreciate and re-connect을 해볼 만하다고 느껴 시도하도록 하는 것이 목적이다.

언제든 그 자리에서 맞아주는
친구 3명

우리나라 직장인 1,000명에게 '진정한 친구'란 누구인지 물어본 결과, '오랜만에 만나도 어색하지 않은 친구'가 1위로 꼽혔다. 10가지 항목 중 무려 31.2퍼센트의 직장인이 이를 가장 중요한 특성으로

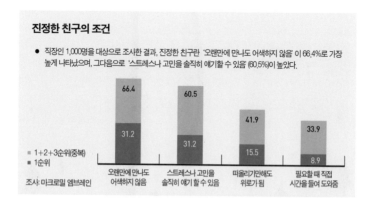

진정한 친구의 조건

● 직장인 1,000명을 대상으로 조사한 결과, 진정한 친구란 '오랜만에 만나도 어색하지 않음'이 66.4%로 가장 높게 나타났으며, 그다음으로 '스트레스나 고민을 솔직히 얘기할 수 있음'(60.5%)이 높았다.

조사: 마크로밀 엠브레인

■ 1+2+3순위(중복)
■ 1순위

	오랜만에 만나도 어색하지 않음	스트레스나 고민을 솔직히 얘기할 수 있음	떠올리기만해도 위로가 됨	필요할 때 직접 시간을 들여 도와줌
1+2+3순위(중복)	66.4	60.5	41.9	33.9
1순위	31.2	31.2	15.5	8.9

아무에게도 말할 수 없었던 진심

선택했고, 3가지를 골라보라고 했을 때는 66.4퍼센트가 이를 선택했다.

'진정한 친구'는 몇 명인가

"지금 회사는 대학 동기 중에 같은 교회 다니는 친구 때문에 입사하게 됐어요. 친하지는 않고 마주치면 인사나 하는 친구였는데, 회사 그만둔 뒤에 우연히 같이 밥 먹으면서 이런저런 이야기를 하다가… 1년 후쯤에 지금 회사 회장님이 누구 좀 추천하라고 하니까 제가 문득 생각나더래요. 그래서 생각지도 못한 이곳에 제가 지금 있는 거죠. 여기 오기 전에 회사 그만두자마자 박사 과정에 들어간 것도 그냥 알던 사람이 공부하는 게 어떻겠냐고 그래서예요. 모 대학에서 박사 과정 추가 모집한다고 원서만 내면 될 수 있다고요. 회사 사람들이 아니라, 뭔가 다른 데서 저를 만난 사람들은 저를 다른 각도에서 봐 주더라고요. 회사에서 보지 않는 측면을 봐 줬던 분들이 저를 연결해준 덕분에 공부도 하고 일도 하고 그랬던 거죠."

"친한 친구요? 두세 명 정도 되나? 왜 그거밖에 안 되냐고 할 수 있는데, 많은 친구를 관리할 시간이 안 되니까요. 만날 시간도 없고 일일이 전화할 시간도 없고. 부모나 형제들도 두세 달에 한 번 보는데, 그 많던 친구들을 어떻게…. 그러다 보니까 두세 명 남더라고요."

"깔때기처럼 줄어서, 이만큼밖에 안 남았지만…. 그나마도 만날 시간이 없으니까, 어떻게 보면 부족하지 않은 친구들을 갖고 있는 거죠. 시간이 없기 때문에."

한창때를 생각해보면 친구 두세 명은 참 적은 숫자다. 젊었을 적에 친구가 2~3명이었다면, 나의 사회성에 문제가 있나 심각하게 고민했을 수도 있다. 하지만 중년에 들어선 지금은 절대 그렇지 않다. 회사 일이 바쁘다 보니 자연스럽게 만남의 횟수가 줄어들고, 그때마다 만나는 친구의 수도 점점 줄었다. 그렇다 해도 마냥 부정적인 것만은 아닌 게 이 두세 명만으로도 여전히 따뜻하기 때문이다. 친구의 숫자나 만남의 횟수보다 친구의 진정한 가치를 경험하게 된다.

"저는 사람을 많이 사귀는 성격이 아니라서 예전에는 그게 굉장한 핸디캡이었어요. 주위에서 자기 전화기에 연락처가 몇 명

있다고들 그럴 때요. 첫 직장도 종합상사였으니…. 거기는 대
인관계 엄청나거든요. 그런데 요즘 관련 책도 읽고, 제가 어려
운 일 겪을 때 친구 한두 명에게 너무나 중요한 도움을 받아보
고 하니깐…. 지금 확신하는 것은 넓은 인간관계가 반드시 필
요하지는 않다는 거예요. 결국 관계도 일반적인 것보다 조금
더 가까워야 가치가 있잖아요. 저로서는 그 몇 명이 소중한 만
큼 만족도도 되게 높아요."

하긴 친구들을 만날 시간이 부족한 게 문제라면 더 문제다. 회
사가 워낙 늦게 끝나고 바쁘고 하니까 약속을 해도 잘 나가지
못하고 서로 일정 맞춰 스케줄 잡기도 여간 힘든 게 아니다. 집
안 대소사 서로 연락해서 만나고, 건너건너 결혼식 같은 데서
틈틈이 얼굴 보는 정도다. 그렇게 한참을 못 보다가도 언제든
연락하면 흔쾌히 만나서 같이할 수 있다는 데 만족한다.

시간을 건너뛰는 사이

정말 오래간만에 만났는데도 마치 어제 만난 것처럼 어색하지
않을 때 역시 친구가 좋구나 싶다. 특히 직장과 가정 모두에서

한창 바쁠 때니 그 마음이 더 애틋한 듯하다.

"자주 만날 수는 없지만 만나면 시간 가는 줄 모르는 사이죠. 중
 학교 때, 고등학교 때 모습 그대로인 것 같아서 좋습니다."

정말 친한 친구는 1~2년 못 보다가 만나도 어제 보고 또 본 듯
거리감이 없다. 한창 우정을 쌓아가던 시절, 지금보다는 이런저
런 할 일과 역할들이 적었을 때처럼 서로가 서로를 대할 수 있다.
　물론 그것이 예전처럼 말하거나 행동한다는 뜻은 아니다. 그
때 이야기를 나누며 추억을 떠올릴 수는 있어도, 그 시절의 나
로 돌아갈 수는 없듯이 말이다. 결국 서로 못 보던 시간만큼 달
라진 현재의 모습으로 서로를 마주할 수밖에 없는데, 그럼에도
'변함이 없다'고 느끼는 것은 친구가 나를 '있는 그대로 봐 주
기' 때문이다. 모습이 예전과 똑같다는 게 아니라, 서로를 대하
는 태도가 변하지 않는다는 것이다.
　그 태도는 지금보다는 세상에 물이 덜 들었던, 우리 사이에
어떤 계산이나 평가나 비교가 존재하지 않았던 때 서로를 대하
던 태도다. 그래서 그동안 뭘 하고 지냈든, 어떤 좌절이나 성공
이 있었든, 어떤 생각이나 감정들을 겪었든 편해질 수 있다. 처
음에 친구가 된 것이 '사귀면 분명한 이득이 있을 것 같아서' 나

　아무에게도 말할 수 없었던 진심

'모든 게 기가 막히게 맞아서'가 아니었듯이, 지금도 어떤 특정한 상태 때문에 서로를 친구라고 부르는 게 아니다. 오히려 여전히 서로에게만큼은 '어떤 상태일 필요가 없기 때문에' 편한 것이다.

"그때 그 모습으로 만나지는 거예요. 제가 변하더라도 친구가 받아주고, 친구가 변하더라도 제가 받아주는 거죠."

"얘기하면 들어주고, 나도 얘기하고. 그거예요. 다른 거는 별로 필요 없는 것 같아요."

"어릴 때 친구들은 10년 만에 만나도 똑같아요. 다 진솔하게 대하잖아요. 서로 가식 없이."

각자 삶의 터전에서 수많은 일과 관계들을 거치며 치열하게 생존하면서, 자의든 타의든 우리 모두는 변할 수밖에 없었다. 그런 와중에 옛날 친구를 만났는데 어릴 때와 똑같이 굴어야 한다면, 그런 척이라도 해야 한다면, 그런 시간이 과연 편안할 수 있을까?

오랜만에 만난 친구가 예전의 너만 좋다고, 예전의 너로 돌아오라고 한다면 서글픔마저 느껴질 것이다. 나름대로 최선을 다해 열심히 살아오면서 지금의 내가 되었는데, 지금의 나를 마땅치 않게 여기는 것 같기 때문이다.

"나이 먹을수록 어릴 때 순수하던 마음이 바뀌고, 실제로 친했다고 생각한 친구들이 별것도 아닌 것 가지고 멀어지고…. 사람의 마음이라는 게 이렇게 되는구나 싶더라고요. 그런데 그 친구가 저한테 변했다는 거예요. '어릴 때는 안 그러더니 왜 그래?' 라고요. 저는 '나는 안 변했는데 쟤는 왜 변했다고 할까? 자기가 더 변한 것 같은데' 라고 생각했죠. 나를 못 받아주고 이해하지 못하고 자꾸 비난하고…. 그 친구도 뭔가 입장이 바뀌어서 그런 것이겠지만…."

오랜만에 만난 친구에게서 짙은 아쉬움을 느끼는 때도 종종 있다. 친구에게 옛날과 똑같은 생각과 행동만을 바라기 때문이다. '한결같다' 는 의미를 '한결같은 상태' 로 오해하는 것이다.

　물론 무조건 수용하고, 동의하고, 맞장구를 쳐야만 한다는 것은 아니다. 그러나 오랜만에 친구를 만났는데 굳이 서로의 모습을 냉정하게 바라보고 평가하고 판단하며 단정 지을 필요는 없지 않을까? 그저 많은 시간을 함께 보냈던 그때처럼, 철없던 시절처럼 "아, 그렇구나!" 하면서 이야기를 들어주면 되는 게 아닐까 싶다.

비교하면 어색해 진다

오랜만에 만났는데 어색하지 않은 친구라면 비교하지 않기 때문일 수도 있다. 실제로 왠지 불편하고 꺼림칙했던 만남과 그렇지 않은 만남의 차이는 비교가 난무했는지 그렇지 않았는지로 갈릴 때가 많다.

　친구의 이야기를 듣는데 그 입장에 몰입하기보다는 내 상황과 비교한다면, 게다가 내가 조금 밀리는 것 같다면 친구를 대하는 태도가 어색해질 수밖에 없다. 반대로 나는 솔직하게 힘든 이야기를 털어놓았는데 친구의 기분을 은근히 좋게 한 것 같은 느낌이라면, 내가 잘된 이야기를 했을 때 괜히 잘난 척하는 것 같이 느껴져 눈치가 보인다면 다음부터는 걸러서 이야기하게 된다. 결과적으로 친구 사이가 괜히 어색해지고 만다.

"잘나갈 때 알게 모르게 서로 경쟁심이 생겼던 거죠. 그러다 보니 제가 힘들어질 때는 동정받는 것 같아서 말하기 싫어지더군요."

"친구들이 사회 나가면서 어느 정도 비교를 하게 되더라고요. 조금씩. 그러니깐 무슨 모임이 있더라도 비교하는 문화가 싫어서 저 스스로 안 가게 돼요."

물론 아무리 진정한 친구 사이라 해도 비교가 전혀 없을 수는 없다. 우리는 하루에도 수없이 비교를 당하며 살고 있고, 스스로도 많은 비교를 하며 살아간다. 그런 과정을 통해 우월감과 질투심을 느끼며, 나를 되돌아보고 노력하게 된다. 마찬가지로 다른 사람도 나와 비교하며 그래도 자기가 낫다고 안심했을 수도 있고, 나의 어떤 점이 너무나 부러워 배가 아팠을 수도 있다.

특히 이런 비교는 같은 나이, 같은 성별, 같은 직종 등 유사한 조건을 가진 사이에서 더욱 쉽게 나타난다. 그런 점에서 친구는 비교하기가 너무나 쉬운 대상이다. 그래서 더욱 비교하지 않는, 아니 덜 비교하는 친구 관계가 소중한 것이다. 그래야만 나의 힘든 일이나 스트레스도 속 시원하게 이야기할 수 있고, 좋은 일도 맘껏 나눌 수 있으니까. 친구의 이야기에 진심으로 같이 슬퍼하고 같이 웃을 수 있으니까. 잘나봤자 못나봤자 도토리 키 재기였던 옛날처럼 말이다.

"서로 이해관계 없고 아주 그냥 정신세계도 낮고 심플했던 때

아무에게도 말할 수 없었던 진심

만났던 애들이기 때문에 지금도 서열이 없어요."

"대개 힘든 날에 생각나요. 걔는 뭐 하고 있을까, 걔도 지금 나랑 비슷하지 않을까 하고요."

"회사에서 친했던 친구가 그만두고 다른 지역으로 갔어요. 정말 제 얘기 잘 들어주고 모든 것을 항아리처럼 담아주고 그랬는데…. 그런 친구가 있어서 회사생활이 재미있었는데…. 그 친구가 떠나고 3개월 정도는 진짜 암흑 같았어요. 그래서 다른 거 하면서 스트레스 풀려고 했는데, 가만 보면 내 이야기를 들어줄 수 있는 사람을 찾는 것 같아요. 지금도 찾고 있고요. 배우자한테 할 수 있는 것도 한계가 있고, 부모님한테 하는 것도 한계가 있고. 결국 사람을 찾다 보니까 친구가 그리워요. 이런저런 이야기 다 할 수 있는 그런 친구가 곁에 있으면 좋겠어요."

우리는 저마다 참 많은 풍파를 경험했고, 그래서 꽤 다른 상황과 여건 속에 있지만, 그래도 내 현실의 지질함이 친구에게 기쁨이 되지 않기를 바라는 것은 그 때문이다. 잘나가는 나의 현실이 친구에게 질투가 되지 않기를, 그리고 나도 내 친구에게 그런 친구가 되기를 바란다.

'틀리다'와 '다르다'를 구분해야 한다는 이야기는 식상할 정도로 많이 들었다. 하지만 이를 잘 구분하지 못했을 때, 친구 간에 얼마나 마음이 상하던가. 예컨대 내가 지금 내 딸이 참 사랑스럽다, 그래서 딸과 보내는 시간이 너무 좋다고 이야기한다 해서 아들이 있는 친구는 좌절감을 겪어야 할까? 그러라고 이야기한 것일까? 나는 봄을 좋아하는데 친구는 겨울을 좋아한다면? 나는 아파트가 좋은데 친구는 단독주택이 좋다면? 나는 은퇴하고도 도시에서 살고 싶은데 내 친구는 귀농을 하겠다고 한다면? 서로가 자신이 좋아하는 것을 이야기하는 것이, 곧 너도 이제껏 네게 좋아했던 것을 버리고 나를 따르라는 말일까? 만약 정말 그렇게 들린다면, 즉 친구 사이에서 각자의 취향을 이야기하는 게 서로에게 불쾌감을 주는 상황이 된다면, 그건 뭔가 잘못되어가고 있는 것이다.

물론 어떤 주제는 취향을 넘어 개개인의 가치관이나 신념의 문제일 수도 있다. 주로 가족과 관련된 것이나 정치, 종교가 그럴 것이다. 그런 주제는 가족, 배우자와 이야기할 때도 매우 조심해야 한다(요즘은 가족끼리 정치 이야기도 피하지 않던가). 하지만 그렇게 심각한 것이 아니라면, 친구가 자신의 어떤 취향에 대해 이야기하는 것을 나도 함께 좋아하라고 강요하는 것으로 들을 필요는 없다. 내가 지금 좋아하는 것은 이상하고 잘못된 것이라고 말하는 것으로 들을 필요는 더더욱 없다. 그냥 친구의 취향은 그런 것이고 그래서 좋아하는 것이구나 하면 된다. 나까지 그 취향을 좋아할 필요는 전혀 없다. 그저 그 취향 덕에 요즘 즐겁고 행복한 그 친구만 좋아하면 된다.

친한 친구 하면 떠오르는 친구 3명을 적어보자. 최근에 언제 만났는지, 언제 연락했는지는 중요하지 않다. 고향 친구나 학창 시절 친구일 필요도 없다. 최근에 친구가 된 사람도 좋다.

_____   _____   _____

그리고 다음의 질문에 답해보자.

- 이 친구를 만나려면 내가 어떤 모습이나 상태여야만 한다고 느끼는가?

Yes / No

- 내가 지질할수록 그 친구가 기뻐하는 것 같은가?

Yes / No

- 내가 잘나갈수록 그 친구는 좌절하는 것 같은가?

Yes / No

다음의 사항도 체크해보자.

- 난 이 친구가 어떤 모습이나 상태일 때만 만나고 싶은가?

  Yes / No

- 그 친구가 지질할수록 나는 기쁜가?

  Yes / No

- 그 친구가 잘나갈수록 나는 좌절하는가? 질투심이 불타오르는가?

  Yes / No

이 질문을 무난히 넘길 수 있는 3명의 친구가 있다면, 충분하다고 여겨도 좋다. 당신의 친구는 당신에게 충분히 좋고, 당신도 그 친구에게 충분히 좋은 것이다.

한두 곳에서 걸리는 부분이 있다면, 지금 나의 마음이나 친구의 마음을 조금 더 헤아려보자. 내가 요즘 마음의 여유가 부족한 것은 아닌지, 그렇다면 어떤 면에서 그런지 말이다. 친구에게 요즘 어떤 사정이 있는 것은 아닌지 생각해볼 수도 있을 것이다.

문자 말고 전화

"친한 친구는 목소리 듣죠."

"보고 싶을 때 전화 한 통화 하는 거죠. 별 얘기 없어요. 잘 있냐, 뭐 하냐, 바쁘냐, 생각나서 걸었다가 전부예요. 주제도 없어요. 그리고 언제 한번 보자고 끊는데…, 그 목소리가 되게 위안을 줘요."

"심심하면 집에 들어가면서 뭐 하냐 묻고, 새벽 1시 넘어도 가족들은 지금 뭐 하냐 하면서 좀 바꿔달라고 농담도 하고 그래요."

"2~3년에 한 번 만나든, 전화 통화를 하든, 뿔뿔이 흩어진 기간과 상관없이 그대로 와닿더라고요. 그 친구들하고는 오히려 카톡 같은 거 안해요. 전화하죠. 아무 이유 없이 그냥 연락하고. 그냥 서로 그러죠."

명절이나 연말이면 보내는 단체 문자메시지 같은 것이 아니다. 이쯤해서 연락 한 번 해야 후환이 없는데 하는 SNS를 통한 '톡'도 아니다. 진정한 친구와의 연락은 인맥관리 차원이 아니다. 그저 진짜 인맥을 누리는 것일 뿐이며, 그때는 문자보다 전화가 좋은 듯했다. 인터뷰했던 많은 이들이 비슷한 이야기를 했다. 정리하면 다음과 같다.

어느 날 갑자기 전화를 하고 싶다. → 얼마 만의 연락인가 싶다. → 그동안 연락을 못 했던 것이 아쉬운 것이지 미안하거나 불편하지 않다. → 전화를 받은 친구도 마찬가지다. 반가움이 묻어나올 뿐 그동안 왜 연락 안 했냐며 원망하지도, 갑자기 웬 전화냐며 반색하지도 않는다. → 무슨 용건이 있는 것도 아니다. 편안하고 따뜻한 느낌이 간절했다는 것이 용건이라면 용건이겠지만.

지금 친구에게 전화를 해보면 어떨까? 지금 떠오르는 세 친구 중 한 명에게 말이다. 물론 다른 친구여도 상관없다. 부탁할 일이 있을 때만 연락해서 많이 미안했던 친구여도 괜찮다. 정말 용건 없는, 이유 없는 전화를 지금 해보는 것이다. 이유 없이 받았던 배려가 감동적인 것처럼, 친구에게 하는 연락도 어쩌면 뜬금없이 할 때가 가장 반가울 수 있다.

전화하고 싶은 친구

_____

통화 중

통화 후, 지금 어떤 기분이 드는가?

_____

다음에도 이 친구에게,
또는 다른 친구에게 전화를 하고 싶다면 적어두자.

_____

_____

_____

휴식과 활력을 주는
커뮤니티 2개

직장생활을 하며 관리직급까지 올랐다는 것은 나름대로 '조직생활'에 도가 텄다는 뜻일 수도 있다. 아니, 진저리가 났다고 해야 할까? 어쨌든 관리직급은 정글 같은 조직생활에서 살아남은 생존자들이다. 하지만 이윤이 목적이 아닌, 위계가 없는 조직이라면 어떨까?

사실 이윤 추구나 위계가 없다면 '조직'이라는 말보다는 '커뮤니티(공동체)'라고 부르는 것이 적합할 것이다. 물론 사람에 따라 개념이 다를 수 있지만, 일반적으로 '조직생활' 하면 직장생활이 떠오르고, '커뮤니티' 하면 뭔가 개인적이고 사교적인 모임의 느낌이 든다. 이를 토대로, 이번에는 커뮤니티에 대해 이야기해보려 한다.

꽤 많은 중년의 직장인이 회사라는 조직과는 구별되는 나만의 커뮤니티를 꿈꾸고 있으며, 이미 그곳에 속해 위안을 얻는 이들도 많다. 취미생활이나 여가생활, 종교생활 등 다양한 활동을 통해 다양한 사람과 상호작용을 하며 스트레스를 해소하고 긍정적인 경험을 쌓고 있다. 실제로 관리직급에서 스트레스를 덜 받는 사람들은 나름대로 직장 밖에서 다른 생활을 하는 경우일 가능성이 크다. 종교생활을 하거나 취미생활을 하거나 일주일에 하루는 뭔가 다른 곳에 속해 있는 것이다. 설령 그 안에서 회사 일을 생각할지라도 다른 사람들 속에서 다르게 생각을 하게 되므로, 그게 큰 도움이 된다.

삼성사회정신건강연구소와 서울대 사회발전연구소가 공동으로 진행한 사회정신건강에 대한 조사(《사회적 웰빙의 새로운 모색, 2016년》)에서 나타난 '건강한 집합의식'에 대한 결과는 커뮤니티를 다루는 지금 되짚어볼 만한 내용이다. 이 항목은 '분명한 삶의 목적을 가지고 타인과의 관계 안에서 자아실현을 추구하며, 타인에 대한 기본적인 신뢰와 공동체적 의식이 얼마나 분명한지'를 측정한 것으로, 개인과 그가 속한 사회의 정신건강과 밀접하게 관련된다. 조사 결과 종친회나 향우회, 동창회, 계, 반상회 등의 연고 집단에 많이 참여하는 것보다는 자발적인 결사체 집단, 즉 취미·문화·연구, 자선·사회봉사, 정당 등 정치단체, 시민단체, 노동조합·직능단체 등에 많이 참여할수록 건강한 집합의식이 높았다.

취미를 공유하는 즐거움과 풍요로움

회사 일이 바쁘기는 하지만, 회사 밖의 모임에 최대한 참여하는 편이다. 퇴사를 하더라도, 또 다른 소속감이 있으면 그것이 힘이 되어주리라는 기대감을 가지고. 또, 거기서 내가 새롭게 가져야 하는 사명이 뭔가를 고민하게 되기도 한다.

연고 집단에서는 끈끈함을 느끼긴 하지만, 만사가 매끄러운 것만은 아니다. 가계, 나이, 학력, 생활지역 등 공통점이 많은 만큼 서로가 서로에게 너무 쉽게 비교 대상이 되기 때문에 다 같이 모였을 때 비교 스트레스를 경험할 가능성이 크다. "저 집도 이번에 애가 수능 봤을 텐데, 몇 점 받았다고?", "조카가 어느 대학 갔다고?" 같은 얘기가 오가지 않을 수가 없다. 그에 반해 취미 등의 공통점을 매개로 하여 자발적으로 모인 곳은 낯선 사람들과 접촉해야 한다는 어려움은 있지만, 비교 스트레스는 확실히 덜하다. 워낙 다양한 환경의 사람들이 모이기 때문이다.

"운동하는 모임이 있는데 한창 만날 때는 일주일에 세 번도 만났어요. 토요일에는 무조건 만나죠. 제가 총무였는데 회사 끝나면 '이번 토요일에 뭘 싸 가지?' 하고 고민하는 게 일과였죠. 공 같은 거 챙기고 네트 고장 난 데 없나 보고. 그런 생각만

해도 일단 기뻤어요. 그들이 회사 사람들이랑 다른 게, 정말 내 형이고 동생인 것 같았어요. 일단 가까우니까 일 있으면 바로 만날 수 있고. '힘들어 죽겠어요' 하면서요. 특히 애들 한창 사춘기 때 이래저래 도움이 많이 됐죠."

또 언제, 어떤 분야에서 내가 도움을 필요로 할지 모르는데, 그런 사회적 자원을 쉽게 찾아낼 수 있다. 처음에는 낯도 좀 가렸지만, 이제 활동 기간이 좀 되니 여러 긍정적인 경험을 하게 돼 '생각보다 괜찮은 사람들이 많던데?', '역시 이런 데 관심 가진 사람들이 기본적으로 착해' 같은 생각이 절로 든다. 이 느낌은 나의 자아상도 긍정적으로 이끌어주는 것 같다.

더욱이 내가 관심이 있어 자발적으로 들어간 커뮤니티이니만큼 회사나 가정, 그리고 오랜 기간 속해 있던 연고 집단과는 다른 활동이나 역할을 하게 돼, 다른 곳에서는 쉽게 발휘되지 못했던 나의 다양한 특성도 자연스럽게 발현되곤 한다. 어떤 위치나 역할이 우선되지 않는 관계이다 보니 타인이나 사회에 대한 관점도 조금씩 달라져, 결국 이전보다 풍부한 경험을 하게 된다. 즉, 내가 정말 흥미로워하거나 가치 있다고 여기는 일을 할 수 있는 영역, 필요할 때 누군가를 만나서 서로 이익을 주고받을 수 있는 영역, 그러한 삶의 영역이 추가된 것이다. 삶이 풍부해진다는 게 이런 것 아닐까?

"저는 취미생활 하면서 사귄 분들은 나이가 많든 적든 다 친구라고 생각해요. 그리고 이런 모임이 조직 같은 곳과 다른 게 뭐냐면, 계산이 없어요. 운동하는 모임은 일단 운동을 하러 가는 거잖아요. 스키를 타러 갔으면 스키만 타죠. 거기서 제일 멋있는 사람은 스키를 잘 타는 사람이에요. 직업이든 뭐든 돈이 많든 적든 상관없죠. 주로 얘기하는 것도 스키를 어떻게 하면 잘 탈까 이런 거니까요. 주로 그런 얘기만 나누다 보니깐 사람 관계가 좋아져요. 그런 관계를 10년, 20년 유치하다 보면 그때 가서는 친구가 되는 거잖아요. 충분히 도와줄 수 있고. 다 아니까."

"저희 때는 사실 단순했잖아요. 회사 가고 일 끝나면 한잔하고 집에 와서 TV 보고 쉬고, 그게 다였잖아요. 그런데 요즘 젊은 친구들은 경험을 많이 해요. 이런 거 저런 거 많이 해보고. 그게 그 순간에는 스트레스일 수 있지만, 인생을 폭넓고 풍요롭게 해주는 것 같아요."

"아이한테 다양한 걸 경험하게 해주고 싶은 게 그 때문이에요. 그거 가지고 먹고살지 않는다 치더라도 피아노, 태권도, 검도,

그림 같은 걸 배우고 알면 그만큼 인생이 풍요로워지는 거잖아요. 취미를 누군가와 공유하고 그런 생활을 영위할 수 있다면 뭔가로 스트레스받는 걸 그런 쪽에서 해소할 수 있다면, 그게 행복일 수 있지 않을까 싶어요. 야구를 재미있게 보는 것, 기타를 재미있게 치는 것 다 그렇죠. 눈과 귀가 열리면 즐거운 것이 그만큼 더 많아지는 거고, 또 그걸 가지고 사람들하고 소통하고 망설임 없이 쉽게 어울리고. 내 아이가 그럴 수 있었으면 좋겠다 하는 생각이에요."

친구와 다르지만 때론 친구보다 더

스스로 선택해서 참여하는 커뮤니티가 좋은 이유는 친구와 다르다는 점에서도 찾아볼 수 있다. 아무리 진정한 친구 사이라도 모든 게 딱딱 맞아떨어지지는 않는다. 오래된 친구들이라도 취향이나 입맛이 각양각색 아닌가. 정말 오래간만에 모여 식사 한번 하려 해도 메뉴를 정할 때 잔뜩 신경을 써야 하는 친구는 꼭 있기 마련이다. 몇 년간 벼르던 여행이라도 갈라치면 다들 가본 데도 다르고 좋아하는 데도 어찌나 다른지 골치깨나 썩어야 간신히 성사가 된다.

친구가 그런 '다름' 속에서도 서로의 '존재' 자체를 좋아해 주는 관계라면, 커뮤니티는 나의 취향이나 흥미, 가치에 직접적으로 긍정적인 메시지를 주는 역할을 한다. 좋아하는 것, 흥미 있어 하는 것, 중요하다고 여기는 것, 가치 있다고 생각하는 것이 유사한 사람들끼리의 모임이니 당연한 얘기지만. 물론 '저 사람은 도대체 왜 온 거야?' 싶은 사람도 있다. 하지만 나머지 다수는 서로가 서로에게 취향이나 흥미, 가치가 정말 멋지다고 적극적으로 맞장구쳐줄 수 있는 사람들이다. 이런 맞장구는 우리 모두를 꽤 힘나게 한다.

회사마다 사내 동호회를 적극 후원하는 이유도 이런 효과를 노리기 때문이다. 직장 내에서 자발적 결사체를 경험하는 것이 사원 개개인의 삶에 대한 만족도를 높이는 데 도움이 되고, 그것이 결국 일의 능률에도 긍정적인 영향을 주기 때문이다. 동호회 활동이 활발할수록 이를 포함하는 회사라는 더 큰 집단에 대한 호감(애사심이라고 불리는)도 높아진다.

참여자들의 만족도가 높다 보니 직장 내 동호회도 많이 늘어났다. 지역사회나 정부 기관에서도 다양한 교육 프로그램, 취미·여가 모임을 적극적으로 지원해준다. 게다가 인터넷을 통해 활동이 가능한 커뮤니티도 많아졌다. 그래서 요새는 꼭 시간을 맞추고 장소를 잡지 않더라도 공통의 관심사를 가진 사람들과 쉽게 소통할 수 있다. 마음만 먹으면 다양한 커뮤니티에 참여할 수 있다.

하지만 방법이 많다는 게 항상 좋은 것만은 아니다. 그만큼 많은 것 중에서 나에게 정말 맞는 것을 찾아내야 하기 때문이다. 막연하게 '좋은 거니까', '나쁠 건 없으니까'라고 시작했다가 모든 커뮤니티 활동에 대해 부정적인 인식을 가질 수도 있다. 그 커뮤니티가 나와 안 맞는 것뿐인데 말이다. 그러면 결국 나만 손해다. 커뮤니티가 줄 수 있는 여러 긍정적 효과를 누려볼 기회를 스스로 놓칠 수도 있기 때문이다.

'제2의 조직생활'이 되지 않으려면

커뮤니티의 어원은 'com(with, together) + munitas(gift)'다. 그러니 진정한 커뮤니티라면 그 안에서 함께하는 게 선물 같아야 한다는 뜻으로 해석할 수 있을 것이다. 다행히 내가 속한 커뮤니티의 활동이 바쁜 일상 속에서 받게 된 작은 선물처럼 여겨진다면, 잘 고른 것이고 잘 만들어가고 있다는 뜻이다.

이에 반해 커뮤니티 활동 자체가 아닌 이차적인 이득, 그러니까 인맥, 경제적 이득, 정서적 지지 등에 목적을 둔 커뮤니티도 적지 않다. 이런 곳에서는 나도, 상대방도, 모임 자체도 '반드시 어떠해야 한다' 라는 것들이 늘어나기 마련이다. 그러다 보면 의무처럼 여겨지는 것도 많아지고, 불평과 불만이 생겨난다. 결국 조직생활만 하나 더 늘어나는 꼴이 되지 않을까?

"저도 이런저런 모임이 많은데…. 인맥을 넓히는 쪽으로만 나가려고 하다 보니까 스트레스를 받을 때도 있어요. 경제적 부담도 꽤 되고요. 우리나라에서는 사람을 만나면 경조사랑 연결될 때가 많잖아요. 좀 지나다 보니 거기에 약간 회의감이 들더군요."

긍정심리학자들은 어떤 경험이 행복하게 느껴지기 위해서는 즐거움, 의미, 몰입이 있어야 한다고 말한다. 다행히 나로서는 내가 속한 커뮤니티 안에서 즐거움을 느끼고, 활동을 하면서 의미를 발견하고, 너무나 즐거워서 순간순간 집중하게 된다.

물론 이런 조건들을 완벽하게 갖춘 커뮤니티는 없을 것이다. 사람들이 모이는 곳이라면 어디나 크고 작은 문제가 생기기 마련이다. 그러나 그런 것들이 부수적으로 느껴지고 즐거움이 크다면, 처음 시작했을 때처럼 지금도 커뮤니티가 지향하는 바에 여전히 동의하고 가치 있다고 느껴진다면 괜찮다. 커뮤니티 활

아무에게도 말할 수 없었던 진심

동이 지루하고 버겁게 느껴진다면, 그것도 이미 또 다른 조직생활일 가능성이 크다.

커뮤니티를 강조하다 보니, 집단 이기주의라는 단어도 불현듯 떠오른다. 자신에게 맞는 커뮤니티를 통해 얻을 수 있는 장점들을 충분히 누리는 것은 권장할 만한데, 자칫 집단 이기주의로 흐를 가능성도 있기 때문이다. 자신이 속한 커뮤니티가 너무 좋다 보니 그것이 추구하는 활동과 가치만을 최고로 여기고, 다른 성격의 커뮤니티 활동에 대해서는 하찮게 여기는 사람도 더러 있다. 심지어는 반대되는 가치관을 내세우는 곳에 대해서는 상당한 적개심을 갖기도 한다. 하지만 내가 가진 것, 내가 하는 것에 대해 자부심을 갖는다고 해서 나와 다른 것을 비난하는 건 옳은 처사가 아니다. 만약 그렇다면 자부심이 아니라 자격지심을 느끼는 것일지도 모른다. 왜 다른 것을 깔아뭉개 내 것이 높아졌다고 느끼려 하는가? 이는 착시 효과에 불과하다. 상대의 것을 깔아뭉개는 데 에너지를 쓰느라 오히려 자신이 가진 것을 자랑하고 즐기고 누릴 기회가 줄어들 것이다. 커뮤니티는 말 그대로 선물 아닌가.

내 커뮤니티

이미 속해 있는 커뮤니티 하나를 골라 다음에 답해보자.

● 언제 특히 즐거운가? 최근에 즐거웠던 순간이 언제였는가?
_____
_____

● 어떤 가치를 추구하는 곳인가? 그것에 여전히 동의하는가?
_____
_____

● 활동 중에 시간이 벌써 이렇게 갔나 싶을 때가 있었는가? 언제였
는가?
_____
_____

● 전체적으로 보았을 때, 이 커뮤니티가 일상에 작은 선물 같은가?
_____
_____

이렇게 선물 같은 곳이 이미 두 군데 이상이라면, 다음 Here & Now
Project는 건너뛰어도 된다.

커뮤니티 눈독 들이기

'나를 위한 10만 원' 코너에서 구입했던 책이 기억나는가? 어떤 주제였는가? 그 주제와 관련된 커뮤니티를 찾아보는 건 어떨까?

● 지역사회 교육·체험 프로그램 찾아보기
● 온라인 커뮤니티가 있는지 알아보기
● 비슷한 관심사를 가진 주변 사람과 이야기해보기

지금 당장 찾아 신청할 필요는 없다. 일단 눈독을 들이자. 언젠가 기가 막힌 타이밍이 찾아오거나, 자연스럽게 용기가 생기는 시점이 올 것이다.

여럿이 함께 가게 해주는
기부 1회

"이게 저예요. 그리고 세 명이 있고, 전 그들을 돕죠. 이들 스스로 할 수 없는 걸 제가 대신 해주죠. 이들도 다른 세 명에게 해주는 거예요. 그럼 아홉 명이죠. 그들이 세 명을 또 돕고, 그럼 스물일곱 명이죠."

— 영화 〈아름다운 세상을 위하여〉의 주인공 트레버의 대사 중에서

최근 연구를 보면 특히 중년의 직장인들이 '친사회적 행동'에 대해 마음을 쏟고 계획을 가지는 이유를 이해할 수 있다. 예일대학교 스트레스 센터에서는 사람들에게 그날의 스트레스와 일상적인 친사회적 행동을 매일매일 기록하게 했다. 그리고 이를 분석한 결과 '뒷

사람이 올 때까지 문을 잡아주었다', '힘들어하는 이의 말을 들어주었다'와 같은 소소한 친사회적 행동들이 특히 스트레스가 높은 날에 부정적 정서를 완화해주는 역할을 한다는 것이 밝혀졌다.

무엇보다도 친사회적 행동은 스트레스에 몰두하는 것을 중지시켜준다. 스트레스가 많아지면 스트레스를 주는 일에 대해 끊임없이 생각하게 되는데, 그러다 보면 모든 게 엉망진창처럼 느껴진다. 친사회적 행동은 그런 우울한 개미지옥에서 벗어나는 데 도움이 된다. 일단 급한 불을 꺼주는 것이다.

또한 남을 돕는 것은 자기 자신의 가치를 유지하는 데 즉각적인 효과가 있다. 스트레스가 높을 때 특히 효과적이다. 지금 내 상황은 골치 아프지만 그래도 근본적으로 나는 괜찮은 사람이라는 것을, 쓸모없는 사람이 아니니 다시 도전할 만하다는 것을 느끼게 한다.

생물학적으로도 근거가 있다. 친절한 행동을 하면 뇌에서 도파민이라는 호르몬이 나오는데, 이는 맛있는 음식을 먹거나 게임에서 이기거나 점수를 딸 때 나오는 호르몬으로 우리를 즐겁고 생기 있게 해준다. 특히 과중한 스트레스를 경험하는 우리나라 중년 직장인들이 '사회에 무언가 도움을 주는 사람'이 되고 싶다는 욕구도 강한데, 그것이 자신의 정신건강을 지키는 데 유용하다는 사실을 본능적으로 알고 있는 것일지도 모른다.

남을 돕는 게 좋은 과학적 이유

"잘 살고 싶은데, 잘 살아야 할 텐데 할 때 드는 생각이 뭔가 도움이 되는 사람으로 살아야 하지 않을까 하는 거예요. 하나는 남한테 피해 안 주는 거고, 그다음에는 적극적으로 무언가 도움을 주는 삶을 살자 하는 거예요."

"뉴스에서 시리아 내전을 겪고 있는 어린이들을 보고 감정 이입이 확 되더라고요. 어린이 재단에 매달 얼마씩 기부하는 것도 그런 우울하고 슬픈 감정들에 빠져드는 것을 막아보기 위한 노력인 것도 같아요. 그런 쪽에 내 손을 내밀어 직접적으로 어떤 불행한 부분을 막을 수 있기를 바라는 거죠. 냉정하게 제가 시간과 재화를 투자했을 때 가장 만족을 줄 수 있는 부분에 관심이 가요. 그게 아니라면 '내 돈을 왜 줘? 내가 써야지' 하죠."

대한민국의 중년 직장인으로서 우리는 그동안 자신도 알게 모르게 친사회적 행동을 많이 해왔다고 자부한다. 조직을 위해, 가정을 위해 열심히 일해온 것 자체가 가까운 누군가를 위해, 그리고 사회를 위해 행동한 것 아니겠는가. 항상 최고의 모습을 보이지는 못했다 하더라도 회사라는 조직 안에서 자신이 맡은 역할을 충실히 해내는 것만으로도 사회의 발전에 기여하는 것이라고 생각한다. 그것이 우리 사회가 잘 돌아가게 하는 데 힘을 보태는 일이니까.

"제가 하는 일이 공공물 관리거든요. 누가 알아주지 않아도 더 열심히 하려고 해요. 봉급을 올려주거나 그런 것은 아니지만, 내가 내 업무를 정확하게 하고 바르게 해야만 어떤 이익 관계나 이런 것들이 줄어들면서 공공의 이익에 부합된다고 생각하거든요. 그렇게 믿고 열심히 하면 모든 사람에게 좋지 않을까 하는 어떤 사명감 같은 걸 갖고 있죠."

다른 사람을 생각하고, 사회를 생각하는 일이 마음만큼 행동으로 옮겨지지 않을 때도 간혹 있다. 아니, 일에 치이느라 여력이 없다는 말이, 변명처럼 들리겠지만, 가장 정확한 말일 것이다. 그래도 사정이 허락하는 한 적극적으로 행동에 옮기고자 노력하고 있다.

"봉사단체에 속해 해외로 나가볼까 생각도 했는데 의외로 준비해야 할 게 많더라고요. 젊었을 때부터 쭉 해왔으면 모를까…. 그런 데는 사명의식을 가지고 있는 젊은 사람들이 많더군요.

저처럼 특별한 기술이 없는 사람들은 어렵기도 하고요. 그래서 요리사 자격증을 따서 가봐야겠다 해서 학원에 다녔는데 해보니까 정말 안 맞더라고요. 아, 요리는 아닌 것 같다 싶었죠. 이럴 줄 알았으면 간호사나 미용사가 될 걸 그랬다 했어요. 그래서 그냥 몸으로 때우는 봉사 지역을 찾았는데 그것도 잘 안 되더라고. 인터넷으로 찾으니까 잘 모르겠고. 그래서 일부러 막 떠들고 다녔더니 주변에서 팁을 주셨어요. 어떻게 어떻게 가긴 갔는데, 제가 처음 자원봉사 간 곳이 프리미엄급 요양원이었어요. 가니까 시설이 너무 좋은 거예요. 제 생각에는 좀 어려운 분들을 도우면 좋겠는데 거기 분들은 돈이 없는 분들 같지 않더라고. 자기들 돈도 많은데 이런 봉사를 받나…, 그런 생각이 드는 거예요. 못된 생각 같기도 하고. 그리고 여기저기 다녀보면서 상처도 받았어요. 뭐 할지 물어보니까 큰 소리로 저쪽 테이블에다 대고 '여기 뭐 시킬 거 없어?' 하는데… 이게 무슨 갑을관계인가 싶기도 하고. 내가 무슨 점수 따러 온 것도 아닌데…. 내가 아직 봉사의 자세가 안 됐나, 너무 예민해서 그런가 싶기도 하고. 그날 참 마음이 상했어요. 내 잘못 같고, 내가 사고가 잘못됐나 싶기도 하고. 혼자 기분 나빠하고 그랬어요."

때로는 기대와는 다른 분위기에 오히려 마음이 울적해지기도 하지만, 그럼에도 계속 찾아보고 시도한다. 이런 고민을 하는 것 자체가 오늘을, 그리고 내일을 훨씬 더 행복하고 의미 있게 만들리라 확신도 든다.

일단 시작해보면

"그래도 일단 이것저것 하나하나 해본 게 1년 넘어간 것 같아 요. 이제 시작한 거죠."

회사나 가정, 친구나 모임과 또 다르게, 우리 삶을 풍부하게 하고 의미 있게 하는 이런 활동들을 언젠가 나중에 은퇴하고 시작한다는 것은 그리 쉽지 않은 것 같다.

"주변 선배들 보면, 구청이나 동사무소에 있는 노인학교나 직장 인들한테 자기가 했던 업무에 대해서 시간당 얼마 정도 받고 가르치는 일을 하는데요. 주말이나 평일 9시 이후에 봉사하면 서 가르쳐주는 건데, 좋은 방법인 것 같아 저도 신청했어요. 스 트레스 풀고 봉사도 하고 좋잖아요."

그래서 은퇴 준비 하고 노후 준비 하듯이, 친사회적 행동에 대한 준비도 하게 된다. 내 남은 인생에서 가장 젊은 오늘부터, 사소한 것이라도 말이다.

"사회에 빚진 것 같은, 그런 게 있어요. 다른 사람을 위해서 좀 더 노력해야겠다는, 실천도 잘 안 하면서 그런 생각이 있어요. 제가 저 자신을 봐도 왜 이런 생각이 계속 들까 생각을 되게 많이 해요."

모르는 사람에게 친절하게 행동하거나 자원봉사를 나가거나 기부를 하면 행복감이 높아진다. 심지어 진화심리학자들은 인간의 유전자에 '친절 유전자'가 있고, 이것은 '지극히 이기적인 유전자'라고 설명하기도 했다. 친사회적 행동이 진화론적으로 한 개인에게 매우 유익하기 때문에 지금까지 지속된 것이고, 그런 친사회적 행동을 잘하는 종이 살아남았다는 얘기다.

그 '과학적 사실'을 알기 때문에, 아니 우리 본능 안에 담겨 있기 때문에 우리가 친사회적 행동을 높이 평가하는 것 아닐까? 지금 당장 실천하고 있든 그렇지 않든 간에.

"아직은 한창 가정을 돌봐야 하는 상황이고, 시간도 없는 시기

아무에게도 말할 수 없었던 진심

지만…. 언젠가는 사회를 위해 봉사를 해야 한다는 생각을 갖고 있어요. 언젠가는 할 거예요."

"은퇴를 하더라도, 내가 가지고 있는 걸 후배들을 위해서 베푼다든가, 무료 강좌를 한다든가, 어떤 식으로든지 제가 가지고 있는 것을 사회적으로 필요한 사람한테 돌려주는 데 동참하고 싶습니다."

나눔에 대한 중학생들의 대화

국내 유일의 어린이 교양지 〈고래가 그랬어〉에서 중학생들이 '부자여야 나눌 수 있어?'라는 주제로 토론한 내용 중에 인상 깊었던 부분을 옮겨보았다. 아이들의 생각이지만 나눔에 대한 통찰을 얻을 수 있을 것이다.

"내가 도운 것에 대가를 바라면 안 될 것 같아. 대가를 바라는 건 나눔이 아니라 빌리는 거지. 교환."
"나눔은 대가를 기대하지 않는다? 그럼 너는 왜 나눠?"
"그냥, 하고 싶어서."
"하고 싶은 마음을 채우는 건 대가가 아닌가?"
"나한테도 좋고, 남한테도 도움을 주는 거잖아."
"서로 좋으면 대가가 아니다?"
"쌍방 이득!"
"그러니깐 물질적인 대가를 기대하면 안 된다는 거야. 이건 보이지 않는 대가잖아."
"심리적 대가?"
"행복한 마음이 대가인 거지."

그 외에도 이런 이야기들이 있었다.

"전에는 나눔이 뭘까? 엄청 심각하고 어렵게 생각했어. 이제는 가벼워
졌어. 단순해졌다고 해야 하나. 나눔은 말 그대로 나누는 거야."

"꼭 돈이 있어야 나눌 수 있다는 건 나눔의 뜻을 좁게 보는 거야."

"내가 지원이를 도와줄 때도 있지만 지원이가 나를 도와줄 때도 있어.
하진이가 나를 돕기도 하고. 도움받는 사람과 나눠주는 사람이 정해
져 있진 않아."

우리도 어릴 때는 잘 알고 있었는데 잠시 잊은 게 아닐까? 나눔은 심
각하거나 어려운 것이 아니라는 것, 꼭 돈이 아니어도 되고, 서로서로
돕는 것 자체가 나눔이라는 것을 말이다.

불현듯 기부

흔히 기부활동이라고 하면 장기적이고 정기적으로 해야만 할 것 같다는 부담감을 가진다. 하지만 전혀 그렇지 않다. 간헐적이고 충동적인 기부 역시 중요한 친사회적 행동이다. 오늘 당장 충동적으로 단돈 만 원이라도 기부를 해보자. 그렇게 해보고 효과를 따져보자.

큰 의미를 둘 필요까지는 없다. 오히려 정말 기부를 하면 뿌듯해지는지, 내 정신건강이 올라가는지 실험해본다는 생각만으로도 괜찮다. 계속 기부하지 않는다고 나쁜 사람도, 적게 했다고 소심한 사람도 아니다. 아예 안 한 사람보다 훨씬 좋은 사람이니까. 그것만은 확실하다. 이미 정기적으로 기부하고 있다면, 진심 어린 박수를 보낸다. 그런데 기부도 습관과 마찬가지로, 하다 보면 효과가 무뎌질 수 있다. 따라서 정기적으로 기부하고 있는 단체의 홈페이지를 방문해 나의 소중한 기부금이 어떻게 쓰이고 있는지 살펴보는 게 좋다. 뿌듯한 시간이 될 것이다.

나이 먹을수록 별것도 아닌 것 가지고 멀어지게 되고…
사람 마음이라는 게 이렇게 되는구나.

뭐가 나에게 맞는 삶인가.
어떻게 사는 게 맞는 걸까.
지금처럼 이렇게 사는 게 맞는 걸까?

5장

나 자신을
들여다보는 시간,
자아

나 자신과의
Re-Connect

지금까지 우리나라의 관리직급 직장인들이 직장에서, 가정에서, 사회에서 경험하는 여러 상황을 분석하고 정리해보았다. 그들을 둘러싸고 있는 많은 연결망을 하나하나 점검하고 의미를 되새겨봤다.

이제 도달한 종착지는 '나 자신'이다. '중년'이나 '낀 세대'라는 한마디로 뭉쳐버릴 수 없는, '관리자'나 '부모'나 '자녀'와 같은 특정 역할로 단정 지을 수 없는, 한 명 한 명의 개개인에게로 관심을 되돌리려 한다.

인터뷰를 진행하면서 '관리직급 직장인'의 고민과 행복, 노하우를 알고 싶었고 그 내용을 정리하는 것만으로도 의미를 찾을 수 있었다. 이 과정을 통해 그들이 자기 자신을 충분히 자랑스럽게 여길 수 있기를 바랐다.

그러다 보니 자연스럽게 궁금증이 생긴다. 지금 이 책을 읽고 있는 한 사람 한 사람은 이 책의 어느 대목이 가장 인상 깊었을까? 정말 해볼 만하다고 느꼈던 'Here & Now Project'는 어떤 것이었을까? 자신에 대해 새로이 갖게 된 느낌이나 생각이 있다면 무엇이었을까?

여기까지 책을 읽었다면, 은연중에 자기 자신을 들여다보는 시간을 가졌을 것이다. 책에서 제안하는 Here & Now Project는 대부분 다른 사람에게 영향을 끼치기 위한 게 아니라, 자기 자신을 격려하고 위로하고 돌아보게 하는 과정이었다. 누구를 바꿔보자는 것이 아니라 나 자신이 무언가를 해보자는 것이었다. 그럼에도 굳이 다시 한 번 '나'를 중심으로 정리해보는 이유는 책을 덮고 다시 현실로 돌아가는 순간, 눈앞의 역할과 일들이 우리를 다시금 'one of them'으로 만들어버릴 수 있기 때문이다.

연구소가 우리나라 관리직급들의 이야기를 직접 들어보고자 노력한 이유는 가능한 한 많은 사람이 '나만 이런 스트레스를 느끼고 이런 고민을 하는 것이 아니구나!'라고 느끼고 공감하기를 바랐기 때문이다. 이런 공감은 내가 못났기 때문이 아니라는 안심과, 문제를 그저 문제로만 바라볼 수 있는 차분함을 준다. '문제 = 나'가 아닌, '문제 = 삶'이 아닌 문제 자체로 말이다.

여기에 희망을 조금 더 얹자면, 어제와는 조금은 다른 오늘을 기대해볼 수 있는 힘이 생기기를 바랐다. 하지만 모든 부분이 공감되지는 않았을 것이다. 더 공감이 가는 부분이 있었을 테고, 나의 상황과는 전혀 다른 이야기도 있었을 것이다. 당연한 일이다. 오히려 모든 이야기에 과도하게 스스로를 동일시한다면, '다들 그러고 사는데 나라고 별수 있겠어?'라며 체념하게 되거나, '이게 좋다니 나도 그거 하면 되겠네!'라는 모호한 낙관주의에 빠질 수도 있다.

이 책에 끌린 독자들은 '나'의 '정신건강'에 대한 궁금증을 가지고 있었을 테고, 그 답을 찾고 싶었을 것이다. 하지만 이 책은 답을 찾는 여행에 대한 팁을 제공할 뿐 개인 맞춤형 정답을 주지는 못했을 것이다. 왜냐하면 결국 내가 스트레스 덜 받고, 내가 더 행복하기 위해서는 내 안으로 시선을 돌려야 하기 때문이다. 나에 대한 질문이기에, 답도 내 안에 있다.

요즘 심리학이나 정신의학과 관련된 책들이 많이 출간된다. 유명한 강의도 많다. 수많은 정보가 홍수처럼 쏟아지지만, 결국 내가 나를 들여다볼 수 있도록 기회를 제공하는 것일 뿐이다. 냉철하게 말하면, 그럴 수 있는 분위기를 조성해주는 것에 불과하다. 그 안에서 위로와 희망과 힘을 얻되, 결국 내게서 답을 찾아야 한다.

대단한 사람도, 성공한 사람도, 똑똑한 사람도 아닌, 내가 스스로 뿌

아무에게도 말할 수 없었던 진심

듯하다고 느낄 수 있는 하루하루는 어떤 모습일까? 그에 대한 답을 찾았다면 나는 무엇에 더 공을 들여야 할까? 내가 시도해볼 수 있는 작은 변화는 무엇일까? 이러한 질문에 대한 '나의 답'을 찾아내는 것이다. 조금은 끈질기게 자기 자신을 들여다보며 나와의 Re-Connect를 시도하는 것이다.

그동안 나는 나를 지나쳐 왔다

내가 나를 들여다본다는 것은 결코 쉽지 않은 일이다. 그동안 내가 아닌 주변을 살피는 데 너무 익숙해졌고, 스스로에 대해 조금이라도 진지하게 생각해보려 하면 이상하게 후회되는 일부터 떠오르기 쉽기 때문이다.

"제일 피하기 어려운 게 '그때 내가 왜 그랬을까, 그때 내가 안 그랬으면, 다른 선택을 했으면, 지금 결과가 달라지지 않았을까…' 하는 생각이에요. 가장 쓸데없는 고민이지만 이 생각 때문에 나도 모르게 스트레스를 더 받고 자꾸 빠져드는 거예요. 내가 그때 그랬으면 현재 상황이 달라졌을 거란 생각에 자꾸 사로잡히는 거죠."

마음을 다잡고 '그래, 나한테는 원래 이런 게 중요했어!' 라고 구체적으로 생각할수록 후회도 구체적으로 밀려온다. 그동안 너무 주어진 일만 했던 것 같고, 너무 가족을 보살피지 않은 것 같고, 너무 재미없이 산 것 같은 후회다. 그래서 이제 뭔가 애써보려 하지만, 이미 늦은 건 아닐까 싶을 때도 있다.

"직장생활과 내 개인 생활을 약간 균형 있게 해줬으면 직장생활이 조금 더 즐겁지 않았을까 후회가 많이 되죠."

"그동안 제가 너무 이기적으로 산 것 같아요. 부모님한테 너무 못하고 산 것 같다는 생각도 들고, 애한테도 너무 못해줬나 싶고 그래요."

"누가 '이 일을 좋아하다 보니 직업이 됐어요, 취미가 직업이 됐어요' 라고 말하는 거 보면 되게 부러워요. 저는 평생 살면서 그런 열정이 없었던 것 같거든요. 사람이 뭐에 꽂혀서 미친 듯이 해보고 그래야 하는데…. 저는 그런 게 별로 없는 거예요. 항상 그냥 그렇게 살다 보니까 시간이 이렇게 흘러버렸네요."

과거에 너무 얽매이지 말고, 오늘 그리고 미래를 위해서 열심히 살자며 이렇게 저렇게 생각할수록 의심이 솟구치기도 한다. 내가 줄곧 원해왔다고 생각한 것, 지금도 간절히 원한다고 생각하는 것이 정말 나의 진심인지 불쑥 의문이 드는 것이다. 그러면 '내가 나를 참 모르는구나!' 하는 순간에 직면하게 된다.

"이제 뭔가 다른 걸 찾아봐야지 하고 결단을 하는 순간, 준비가 안 돼 있는 거예요. 나를 돌아보니 준비된 게 하나도 없는 거죠. 그래서 지금부터라도 좋아하는 걸 찾긴 찾아야 할 것 같은데, 이상하게 나에 대한 확신도 많이 부족해요. 저 자신한테 '네가 정말 그것을 좋아해?' 라고 질문을 해보면 모르겠고…. 그래서 또 아무 일도 안 하게 돼요. 사실은 내가 뭘 잘하는지도 모르겠고, 내가 지금까지 이만큼 살아왔는데 앞으로는 뭐 하면서 살아야 하는지, 뭘 해야 할지도 모르는 거예요. 내가 정말 좋아하는 게 뭔지 고민한 지는 오래됐는데, 그런데도 모르겠다는 거야, 나 자신이."

결국에는 '에라 모르겠다. 그냥 살던 대로 살자' 싶은 마음이 들기도 한다. 지금까지 크게 잘못 산 것도 아니니 말이다. 당장 내 삶에 전면적인 수정을 가해야만 하는 다급한 상황도 아니고, 내가 뭘 그리 잘못했다고 이렇게 애를 써야 하나 싶어지기도 한다.

그리고 결정적으로, 바뀔 힘이 부족하다고 느껴질 때도 있다.

"시간을 내서 그 시간 안에서 막 고민을 해봐야 하는데…. 할 수
는 있는데… 굳이 그러고 싶지 않다는 무기력감 같은 게 있어
요. 신체적인 변화도 느껴지고…."

"마흔둘? 마흔셋? 그때만 해도 '난 아직 젊어!' 했어요. 그런데
이제는 '인정하자. 나 이제는 젊지 않다' 하는 생각이 들어요.
남들이 젊어 보인다고 해도 그냥 예의상 하는 얘기예요. 옛날에
는 정말 내가 젊어 보이나 보다 했는데, 이제는 냉정하게 인정
하기 시작한 거죠. 그래서 컨디션 조절 같은 것에 신경을 많이
쓰는 편이에요. 집에 가도 몇 시 정도에는 반드시 자야 할 것 같
고. 항상 관리하는 태도로 살아야 한다는 생각이 들어요."

이렇게 되니, 뭔가 변화하거나 나아지는 것보다는 현 상태를 유
지하는 데 초점이 모아진다. 나의 직장생활도, 나의 가정도, 사
회에서 나의 역할들도, 더 행복해지는 데 관심을 가지기보다는
큰 사건사고 없이 유지되는 게 목적이 된다. 이제 와서 무슨 부
귀영화를 누리겠다고 골치 아프게 나에 대해서 생각해보고, 나
에게 맞는 삶은 무엇일까 고민하고, 그 어색한 변화들을 도모하

느냔 말이다.

후회가 밀려들 때가 좋은 기회다

정말 신기한 것은 그렇게 접어두어도, 이런저런 마음들이 어느 순간 또 훅 올라온다는 것이다. 더 잘 지내고 싶은, 더 잘 살아가고 싶은, 더 행복해지고 싶은 마음 말이다.

　나이가 들면서 조금은 감성적으로 변해 주위 사람들과 고민들을 주고받게도 된다. 설사 나는 아무 생각 안 하고 해오던 대로만 살겠다고 고집을 부려도 직장 여건이, 가족 구성원의 변화가, 사회적 분위기가 자연스럽게 나에 대해 그리고 앞으로의 나의 삶에 대해 고심하게 만들기도 한다.

"내가 정말 좋아하는 게 뭘까? 그걸 10년 내내 찾고 있었던 것 같아요. 그런데 현실에 파묻혀 살다 보니까 또 2~3년이 금세 흘러가고. 그러다 보니 항상 가슴속에 남아 있는 그런 게 됐어요. 요즘 들어 다시 한 번 도전을 해봐야 하는 건 아닌가 싶기는 한데…"

"새로운 일을 하게 되니까, 여기에서 내가 새롭게 가져야 할 사명은 뭔가 고민하게 돼요."

후회와 의심이 되풀이될 수도 있다. 그러나 지난번보다는 조금씩이라도 앞으로 더 나아가는 자신을 발견할 수도 있다. 그사이 내 안에 더욱 쌓인 삶에 대한 통찰들이 바탕이 되어 희망도 조금씩 커간다.

"다 흔들리죠. 순간순간 흔들리죠. 근데 다시 중심을 잡는 거죠."

"사이클이 있다는 거, 좋은 일이 있으면 나쁜 일도 있고, 매일 좋을 수만도 없고, 매일 나쁠 수만도 없다는 거를 알게 됐어요. 살면서 나름대로 좋은 일도 겪었고, 나쁜 일도 겪었고. 그런 일이 쌓이다 보니까 이제 조금 알게 된 거예요. 아무런 어려움 없이 쭉 좋은 일만 있는 것 같다는 분도 있겠지만, 어느 정도는 자기 기준에서 파동이 다 있었을 거라고 봐요. 평탄한 삶처럼 보여도 완전히 일직선으로 돼 있는 삶을 살지는 않을 거란 말이죠. 전체적으로는 수평이지만 그 안에 잔물결도 있고 파도도 있을 거고요."

아무에게도 말할 수 없었던 진심

단거리가 아니고 장거리를 뛰려면, '중간쯤 가면 어떻게 되고, 한 30킬로미터쯤 갔을 때가 제일 힘들다' 이런 걸 미리 알아두어야 한다. 그러면 '아, 힘든 게 하나의 과정이구나' 라는 걸 알고 슬기롭게 이겨나갈 수 있다. 불만도 있고 힘들기도 하지만, 이겨내야지 어쩌겠는가. 그리고 기왕 할 거면 즐겁게 해야지 않겠는가.

"젊을 때는 하고 싶은 게 많았어요. 지금은 뭘 하고 싶다 해서 그게 다 되지 않는다는 것도 알고, 시간과 운이 필요하다는 걸 알게 되었죠. 추구만 한다고 되는 게 아니라는 걸 말이죠."

"시간이 지나면서 내가 할 수 없는 게 많다는 것도 알게 됐죠. 그래도 믿음이 하나 있는데, '뭔가 나에게 예비된 게 있을 거다' 라는 거예요. 신이 나한테 더 좋은 것을 준비하고 계시다는 것을 믿고, 그런 좋은 말씀을 해주시는 분들을 자주 만나요. 그런 일을 반복하면서 스스로 암시를 하는 거죠."

직장에서, 가정에서, 사회에서의 역할뿐 아니라 나 자신의 체력이나 생각, 통찰력에서도 결국 변화는 찾아오게 된다. 그렇다면 피할 수 없기에, 꽤 괜찮은 '내' 가 스스로 만족스러운 '내' 가 되고 싶다는 욕심도 다시 생겨난다. 이렇게 괜찮고 만족스러운 내가 되기 위한 생각이나 고민, 시도들은 그 과정 자체에서도 의외의 즐거움과 에너지를 얻을 수 있다. 결과 역시 결코 해롭지는 않으리란 것을 삶의 연륜을 통해 알고 있다. 그래서 지금 당장은 막연할지라도, 삶의 목적 같은 것이 아련하게 잡히기도 한다.

"가만히 생각해보다가…. 이유는 딱히 모르겠는데 꼭 해보고 싶었던 게 있긴 하더라고요. 전 그런 게 하나도 없는 줄 알았어요."

"저는 좀 다른 사람이 되고 싶지, 비슷비슷한 사람은 되고 싶지 않아요. 그러니까 one of them이 되고 싶진 않아요. 딱 '얘는 이런 애', '걔는 이런 사람'이라고 말할 수 있는 사람이 되고 싶어요."

"나이가 있는 사람으로서 얘기해줄 게 많거든요. 저한테 조언을 구하는 사람들도 있고. 그러다 보면 저도 자꾸 깊이를 갖고 싶다는 생각이 들어요. 나이 먹을수록 더 그런 것 같아요. 요즘은 인터넷에서 검색만 하면 웬만한 정보는 다 나오지만, 그 단계 너머까지 아는 사람이 되고 싶어요."

그러면서 삶에 대한 전반적인 가치관도 점검하게 되기에, 소소한 선택부터 큰 결정까지 중심을 잡고 나아갈 수 있는 힘도 생긴다. 가족, 부모, 직장 하나하나 따지고 들면 힘든 일은 물론 많지만, 이 모든 것을 아우를 수 있는 가장 중요한 척도는 자신의 가치관이다. 내가 어떤 생각을 하고 살아가는지, 내가 적립한 가치관에 부합하는 일을 하면서 보람을 느끼며 살아가는지가 가장 중요하지 않을까.

"내 또래 대부분의 사람이 이런저런 스트레스를 받으며 살고 있을 텐데…. 그렇다면 이제 제일 중요한 건 '내 삶을 어떻게 살아가야 하나'인 것 같아요."

나 자신에게 조금 더
친절해도 된다

"나 자신에게 친절해지자' 라고 하면 어떤 느낌이 드는가? 자신에게
는 한없이 관대하면서 남들에게는 날카로운 잣대를 들이대는, 일명
'내가 하면 로맨스, 남이 하면 불륜' 식의 태도가 떠오르는가? 언뜻
생각하면 충분히 그럴 수 있다. 따라서 그런 면이 자신에게 있는지
자주 점검해봐야 한다. 하지만 심리학적으로 생각해보면, 대부분의
사람은 '타인을 대하는 태도' 와 '자신을 대하는 태도' 가 근본적으로
는 유사할 가능성이 더 높다.

인간은 수많은 경험을 있는 그대로 받아들이기보다는, 저마다의 어
떤 '틀' 을 통해 바라본다. 아쉽게도 이런 틀은 다양하지 못하고, 상
황에 따라서 유연하게 바뀌지 못할 때도 많다. 특히 바쁠 때, 마음에

여유가 없을 때는 더욱 그렇다.

그래서 너무 바쁜 우리 현대인들은 사람을 바라볼 때도 하나의 틀로 바라볼 때가 많다. 항상 타인의 부족한 점부터 주목하고 탐탁지 않게 여기는 사람은, 자신에 대해서도 기준이 높고 엄격한 기준을 들이댈 가능성이 크다. 어떤 문제가 생겼을 때마다 유난을 떨며 이건 다 남 탓이라고 우겨대는 사람도, 사실은 자기 자신의 작은 실수나 잘못을 절대 용납하지 못하기에 남 탓을 하는 것일 수 있다. 그냥 쿨하게 '내가 잘못 알았네, 실수했네'가 안 되기에, 문제의 원인을 자기 밖에서 찾아내야만 하고, 결국에는 남 탓만 하게 되는 것이다. 정작 주변 사람들은 누구 탓인지 관심도 없는데 말이다. 문제야 생기기 마련이고, 이번에도 잘 해결하면 되는데 말이다.

'친절한 멈춤'의 시간을 선물하라

"나한테도 좀 느긋하게 대해주고, 멀리 볼 수 있게 해주려고요. 삶도 그런 것 같아요. 우리가 진짜 70세가 됐을 때, 70년을 어떻게 살아왔는지를 들여다보는 거죠. 어떤 건 못한 거고 어떤 건 잘한 거고 하면서, 못한 것 때문에 스트레스받고 이러지 않으려고요. 길게 보고, 그다음에 자기만의 목적성도 좀 갖고 그랬으면 좋겠다는 생각을 해요."

나 자신을 돌아볼 때면, 어김없이 지난날에 대한 후회와 자신에 대한 의구심, 나이에 대한 아쉬움 같은 게 먼저 튀어나온다. 하지만 그런 내 안에도 여전히 어떤 희망과 욕심이 존재한다면, 내가 나를 바라볼 때 친절한 태도를 가져도 되지 않을까?

조금 더 여유를 갖고 따뜻한 마음으로 나의 이야기를 내가 들어주는 것이다. 이런저런 푸념과 핑계와 변명도 들어주고, 아직 흐릿한 채로 조금은 허무맹랑한 것 같은 꿈도 들어주고 말이다. 누가 강요한 것도 아니고 그래야만 해서도 아닌, '내가 그러고 싶어서' 꿈꾸는 무언가가 이 나이에 있다는 것만으로도 칭찬할 만한 일이라고 스스로를 다독이면서.

자기 자신에게 친절해지면, 타인에게도 점차 친절해질 수 있다. 내가 실수할 수 있듯이, 남도 실수한다고 생각할 수 있으니까. 참 바쁜 요즘 어차피 다양한 생각의 틀을 가질 수 없다면, 한두 개를 가지고 여기저기 써먹어야 한다면 나에게도 남에게도 좋은 틀을 가질 일이다.

물론 이렇게 마음을 먹고도 잘 안 될 수 있다. 그럼 다시 이렇게 생각하면 된다. '나 자신에게도 타인에게도 너그럽고 친절하자고 마음먹었는데 잘 안 되는구나. 내가 이렇게 안 되는 걸 보

면, 남들도 잘 안 되겠지.'

이렇게 나를 조금 더 친절하게 바라봐 준다면, 피하려고 애쓰다 막다른 골목에서 나를 바라보는 것이 아니라 스스로 시간을 내어 짬짬이 나를 돌아보는 시간을 가질 수 있다. 이것은 직장에서, 가정에서, 사회 안에서 정신없이 달리기만 하던 우리에게 '친절한 멈춤'의 시간이 될 것이다.

이런 멈춤의 시간은 우리를 결코 뒤처지게 하거나, 안일하게 만들지 않을 것이다. 망망대해에서 노만 젓다가 오히려 목적지는 멀어지고 힘만 빠져버리는 일 없이, 순간순간 목적지로 방향을 잡게 하는 중요한 시간이 될 것이라고 믿는다.

"저는 작은 손거울을 가지고 다니면서 가끔 제 얼굴을 봐요. 지금 상태가 어떤가 하고요. 때로는 지금 내 표정을 휴대전화로 찍기도 해요. 내가 봐도 안 좋은 표정이다 하면, 그럼 내가 왜 이러나 하고 생각해봐요. 뭔가 마음에 안 들어서 얼굴이 찡그려져 있는 것 같으면 혼자 어디 가서 사진을 찍어보는 거예요. 그렇게 노력했더니 지금은 표정이 많이 좋아졌어요. 일을 하다 보면 나도 모르게 찌그러지기도 하지만요."

"최근에 휴가를 내서 여행을 다녀왔는데, 정말 행복하다는 걸 느끼겠더라고요. 그렇게 빡빡하게 살 필요 없는데, 우리는 그런 게 너무 몸에 뱄잖아요. 요번에는 기존과 다르게 길게 휴가를 냈는데, 되게 편안하고 여유롭고 행복한 느낌을 가졌어요. 사실 관리직 되고 돈 쓸 줄을 몰랐어요. 쓸 시간도 없었고. 우리 나이 때가 경제적으로 좀 어려운 시절을 겪기도 한 터라 더 그렇죠. 그런데 나 자신을 위해서도 돈을 좀 써보니까 되게 좋더군요. 우리 선배들, 저보다 조금 앞서갔던 분들이 그런 얘기를 하던 게 마음에 와닿더라고요. 그동안 나름대로 열심히 살아왔으니까요. 그런데 뭐 하루아침에 습관이 확 바뀌지는 않죠. 놀면서도 불안감이 있고. 그런데 이제 조금은 나를 위해 쓸 수 있는, 써야 하는 경우도 생기니까 좋아요."

아무에게도 말할 수 없었던 진심

나에게 쓰는 감사 카드

이 책을 읽어주신 독자 한 분 한 분에게 감사를 전하고 싶다. 그리고 마지막으로 가장 중요한 프로젝트를 권하고 싶다. 지금까지 제시한 프로젝트를 하나도 하지 않았어도 괜찮다. 자신에게 더 맞는 방식과 타이밍이 기가 막히게 찾아와 소소한 시도들을 할 수 있으리라 믿기 때문이다.

하지만 이것만은 이번 기회에, 책을 덮기 전에 꼭 해보길 강력히 권한다. 바로, 자기 자신에게 감사 카드를 쓰는 것이다. 책을 읽는 나에게, 오늘까지 열심히 살아온 나에게, 여전히 고민하는 나에게 감사를 표현해보는 것이다. 어떤 내용이든 어떤 형식이든 상관없다. 다만, 나에 대해 진심으로 감사하는 시간이 되기를 바란다.

아무에게도 말할 수 없었던 진심

내게 감사를 전하는 게 어색하다면, 다음 시를 읽어보는 것도 좋다.

나는 자유가 무엇인지 안다
'길을 따라 똑바로 걸어라'
'깊은 바다에는 가까이 가지 마라'
그런 그대의 말들을 뒤로 하고 왔다
달빛은 그 어떤 길에도 빛을 비추고
어둠 속을 헤엄치는 물고기는 보석처럼 빛난다
우연히 인간이라 불리며 여기 있는 나
무엇을 두려워했는가?
무엇과 싸워왔는가?
이제는 어깨를 누르는 짐을 벗어버릴 시간
나에게 용기를 다오
너그러워질 수 있는 용기를
나는 자유가 무엇인지 안다
나는 자유를 안다.

—영화 〈안경〉 중에서

감사의 글

우리가 2년 전 중년 직장인의 정신건강 증진을 목표로 한 '해피 리더스Happy Leaders' 프로젝트를 시작했던 계기는 우리 사회의 중추적인 역할을 하는 중년들이 위험에 처해있다는 많은 징후들이 드러났기 때문이다. 이들의 위기는 곧 가정의 부조화와 다음 세대의 어려움으로 직결된다. 그런 위기의식 속에서 시작한 중년 직장인들과의 심층 인터뷰였다.

해피리더스 프로젝트의 시작은 '질문'이었지만 마무리는 '감사'였다. 모든 인터뷰의 시작과 끝이 그러했고, 이 책의 처음과 마무리가 그러하다. 그리고 질문과 감사 사이에는 목이 쑥 빠지도록 열심히 '듣는' 단계가 있었다.

우리 연구소는 2년 간 중년 관리직급 직장인들에게 직장 속에서의 삶을 질문했고, 그들의 살아온 소회를 경청했다. 귀 기울여 들어보니 그들은 성공과 실패를 통해 배울 수 있다는 것에 감사하고, 사회적 관계들 속에서 여러 경험을 할 수 있다는 것에 감사하고 있었다. 연구소 역시 '감사'의 중요함을 진하게 느낄 수 있었던 귀한 시간이었다.

이 책을 통해 연구소가 독자들에게 조심스레 바라는 것 역시 자기 자신에게 더 묻고 더 답하고 더 감사하자는 것이다.

바쁜 시간에도 인터뷰와 설문에 응해주신 모든 분께 진심으로 고마움을 전한다. 여러분 덕에 우리나라 중년 관리직급 직장인의 삶을 세밀히 바라볼 수 있었다. 이 책이 좋은 사람들의 작은 기록이 되기를 소망한다.

삼성사회정신건강연구소 소장

홍ᅵ화홍

긴 세대라 불리는 이 시대 중년 이야기

아무에게도 말할 수 없었던 진심

제1판 1쇄 발행 | 2017년 10월 20일
제1판 1쇄 발행 | 2017년 10월 27일

지은이 | 삼성사회정신건강연구소 노지혜 · 이선우 · 정영희 · 이세용 · 홍진표
펴낸이 | 한경준
펴낸곳 | 한국경제신문 한경BP
편집주간 | 전준석
책임편집 | 황혜정
교정교열 | 공순례
기획 | 유능한
저작권 | 백상아
홍보 | 남영란 · 조아라
마케팅 | 배한일 · 김규형
디자인 | 김홍신

주소 | 서울특별시 중구 청파로 463
기획출판팀 | 02-3604-553~6
영업마케팅팀 | 02-3604-595, 583 FAX | 02-3604-599
H | http://bp.hankyung.com   E | bp@hankyung.com
T | @hankbp   F | www.facebook.com / hankyungbp
등록 | 제 2-315(1967. 5. 15)

ISBN 978-89-475-4261-6   03320